云计算
在智能交通系统中的应用

梅朵 郑黎黎 杨庆芳 著

U0361617

清华大学出版社

北京

<h1 style="text-align:center">内 容 简 介</h1>

本书是一部系统阐述云计算在智能交通系统中的应用理论和方法的书籍。

全书共分为7章：第1章绪论，介绍了智能交通系统的交通参数短时预测、道路交通状态判别、交通信号控制、交通诱导、交通控制与诱导协同等技术的国内外研究进展；第2章智能交通系统云框架构建，介绍了智能交通系统的云需求、云计算的概念、云计算的特点和实现机制，设计了智能交通云系统的基本框架；第3章云计算在交通信息处理中的应用，介绍了MR-Kmeans算法在交通瓶颈识别中的应用实例、MR-FCM算法在区域交通状态识别中的应用实例、基于MR和GA-SVM的短时交通流预测方法和应用案例分析；第4章云计算在交通信号控制中的应用，介绍了交通信号控制、交通控制系统基本理论、信号交叉口运行效率评价指标、基于云计算的绿信比优化方法、基于云计算的区域交通控制方法；第5章云计算在交通流诱导中的应用，介绍了交通流诱导系统、基于MR的遗传算法求解城市路网最短路径的方法，并以典型路网为对象，进行了实例验证，分析了结果；第6章云计算在交通控制与诱导协同中的应用，介绍了交通控制与诱导协同的含义、交通瓶颈控制与诱导协同模型的建立、基于MR的并行遗传算法求解协同模型的方法，采用模拟仿真的方式获取典型路网数据，验证模型和算法的有效性和可行性；第7章智能交通云系统的设计，通过系统需求分析，对智能交通云系统进行系统总体设计和系统软件架构设计。

为便于读者高效学习，快速掌握云计算在智能交通系统中应用的典型场景。本书作者从智能交通系统设计开发的流程出发，合理安排章节，并设计了典型路网的应用实例。

本书适合作为广大高校交通运输、计算机相关专业云计算课程教材，也可以作为智能交通系统设计与开发者的自学参考用书。

图书在版编目(CIP)数据

云计算：在智能交通系统中的应用/梅朵，郑黎黎，杨庆芳著.—北京：清华大学出版社，2022.9
ISBN 978-7-302-61776-1

Ⅰ.①云… Ⅱ.①梅…②郑…③杨… Ⅲ.①云计算－应用－智能运输系统－研究 Ⅳ.①F502-39

中国版本图书馆CIP数据核字(2022)第161857号

责任编辑：赵　凯
封面设计：刘　键
责任校对：申晓焕
责任印制：宋　林

出版发行：清华大学出版社
　　　网　　　址：http://www.tup.com.cn，http://www.wqbook.com
　　　地　　　址：北京清华大学学研大厦A座　　　邮　　编：100084
　　　社　总　机：010-83470000　　　邮　　购：010-62786544
　　　投稿与读者服务：010-62776969，c-service@tup.tsinghua.edu.cn
　　　质量反馈：010-62772015，zhiliang@tup.tsinghua.edu.cn
　　　课件下载：http://www.tup.com.cn，010-83470236
印　装　者：三河市君旺印务有限公司
经　　　销：全国新华书店
开　　　本：186mm×240mm　　　印　　张：11.5　　　字　　数：258千字
版　　　次：2022年11月第1版　　　印　　次：2022年11月第1次印刷
印　　　数：1～1500
定　　　价：69.00元

产品编号：094037-01

前言

本书来源于国家科技支撑计划课题"多源多维城市交通状态感知与交互处理"、国家高技术研究发展计划课题"公交主导型城市交通智能联网联控关键技术与示范"、辽宁省教育厅基本科研项目"考虑驾驶员行为潜变量的交通参数短时预测方法研究"。以贯彻落实国家中长期科学和技术发展规划纲要为实际需求,在广泛研读国内外现有成果的基础上,对云计算在智能交通系统中的应用问题进行了研究,经过对科研成果的总结和提炼,撰写了本书。

城市道路交通系统由人、车、路和环境构成,是一个极其复杂的、多变的、非线性的大系统,因此携带了庞大的交通数据资源,包括人、车、路和环境等要素信息以及这些要素的相互关系信息。在大数据时代,海量交通数据资源的处理和发布迎来了新的挑战,如何有效、高效地运用信息手段提高交通管理水平是我国交通领域亟待解决的首要问题之一。云计算以其独特的优势,与智能交通系统具有完美的契合之处,因此,运用云计算处理和分析海量交通信息,构建智能交通云系统,可更好地满足交通管理者和出行者的需求。

本书以提高城市道路交通系统的服务水平,均衡路网交通负荷,提高我国城市道路交通系统的运输效率为目标,以交通工程学、云计算技术、系统工程学、人工智能、运筹学等基本理论和方法为基础,重点对云计算在智能交通系统中的应用问题进行了研究,包括智能交通系统云框架的构建、云计算在交通信息处理中的应用、云计算在交通信号控制中的应用、云计算在交通诱导中的应用、云计算在交通控制与诱导协同中的应用、智能交通云系统的设计等主要内容。这些成果的应用实施将有效缓解城市交通拥堵、提高城市道路交通的运行效率,对促进我国智慧城市建设具有重要意义。

本书得以顺利完成,离不开吉林大学杨兆升教授、杨庆芳教授、于德新教授、郑黎黎教授曾经的悉心指导,以及同门兄弟姐妹的帮助,作者在此表示衷心的感谢。

由于城市道路交通事件具有突发性、高度不确定性和复杂性等特点,加之作者学识水平有限,书中难免有不足之处,敬请各位读者批评指正。

梅 朵

2022 年 10 月于渤海大学

目录

目录

目录

第**1**章 绪论

本章要点

本章首先简要介绍交通拥堵、交通事故等交通问题给人们的出行效率和生活质量造成的巨大影响,阐述了云计算在缓解交通问题上具有的优势;然后对智能交通系统的关键技术,主要包括交通参数短时预测、道路交通状态判别、交通信号控制、交通诱导、交通控制与诱导协同等技术,进行了研究进展综述。

在现代高速发展的社会,汽车在人们的日常生活中扮演着重要的角色,甚至是出行必备品,这也是经济飞速发展和人们生活水平提高的必然结果。然而,城市道路上行驶的汽车越多,交通系统的压力就越大,当城市道路交通系统承受不住这样大的压力时,就可能出现交通拥堵,甚至是交通事故。久而久之,这些交通问题给人们的出行效率和生活质量造成巨大的影响。美国作为典型的发达国家,2012年年底拥有汽车2.4亿辆,是20年前的1.7倍;日本的汽车保有量为7400万辆,是1990年的3倍。我国的汽车产业也在不断发展,2013年年底已经拥有汽车1.37亿辆,是10年前的5.7倍。由此可见,国内外的交通形势都十分严峻。

图1-1是加州洛杉矶和北京的交通拥堵图,交通问题困扰着世界各国,由交通问题带来的多项损失也是巨大的。根据数据统计,20世纪90年代,机动车噪声给美国带来的损失就达到90亿美元,30年以后的今天,美国每年因为交通拥堵而造成的损失就达到1210亿美元,这是何等惊人的数字。英国的智能交通一直走在世界前列,每年因为交通拥堵而造成的损失竟然也高达43亿英镑。交通拥堵同样给日本带来了巨大的时间损失,如果将时间损失的数字折算成日元,那么每年要达到12300亿日元,又是一个惊人的数字。在我国的北京,一个智能交通走在我国

图 1-1　加州洛杉矶和北京的交通拥堵图

前列的大城市,如果把每天因为交通拥堵而损失的时间换算成人民币,那么每天要达到 32 386.2 万元。

交通拥堵还导致城市环境恶化,而城市环境的好坏与居民健康息息相关。有相关报告显示,交通拥堵造成的空气污染也导致居民出现呼吸道或脑血管疾病,每 1000 人中就会出现 1 人因空气污染而生病住院,甚至死亡。每年因交通拥堵带来的额外居民健康风险损失达到 1.3 亿元。

可见,如何避免拥堵和减少交通拥堵造成的影响,提高城市路网的通行能力,使出行者安全、便捷地到达目的地,已成为我国城市交通中亟待解决的问题。

交通拥堵产生的根本原因是交通供需不平衡,避免和减缓交通拥堵主要有两个途径:一是外延式途径,即增加基础设施投入,改造、新建道路和其他交通设施,从而扩大交通供给;二是内涵式途径,即应用智能交通系统(Intelligent Transportation System,ITS),减缓交通拥堵和提高路网的使用效率。

第一种途径虽然能有效缓解城市交通拥堵状况,改善了交通环境,提高了行车的安全性,第一,由于历史原因导致我国大城市的城市规划普遍不尽合理,改造现有道路任重道远,由于施工中涉及拆迁、居民安置等问题,这些费用逐年攀升,给政府带来不小的压力;第二,由于土地面积所限,城市内特别是城市中心区可供修建道路的空间越来越少,受到资源、环境的制约,不可能无限制地增加交通网络中的道路;第三,由于经济的发展必然带来出行的增加,而且交通设施的修建又诱发了大量新的交通需求,所以尽管上述措施在当时对改善城市交通状况确实发挥了很大的作用,但随着时间的推移,我国大中城市的交通问题又将日益严重起来,交通设施建设的增长难以赶上我国国民经济的快速发展而带来的交通需求的迅猛增长。因此增加基础设施投入,改造、新建道路和其他交通设施并不是解决交通问题的好办法。

　　智能交通系统,综合集成交通系统中的所有组成要素——出行者、车辆、道路、管理者,从需求管理入手,利用各种先进技术,从车辆管理、交通控制、信息传递的角度,走内外结合的道路,是解决交通问题行之有效的途径。"十五"期间,国家科技部将 ITS 列为"十五"重大专项,并确定北京、上海、天津、重庆、广州、深圳、济南、青岛、杭州、中山等城市作为 ITS 示范城市。可见把 ITS 技术运用到城市交通管理中将是未来我国城市交通管理的发展趋势,为治理城市交通问题提供了新思路。

　　"智能交通系统"是将先进的信息技术、数据通信传输技术、电子控制技术以及计算机处理技术等综合运用于整个地面运输管理体系,建立一种在大范围内、全方位发挥作用的、实时的、准确的和高效的公路运输综合管理系统。实施智能交通系统工程不仅有利于提高交通的安全性、生产效率与效益,而且关系到土地资源和能源的合理运用、环境污染和噪声的改善乃至国民经济的持续稳定发展以及社会经济效益的全面提高,因而得到世界各国的普遍关注和高度重视。

　　随着智能交通系统在全世界的快速发展,也日渐暴露出一些问题:

　　(1) 信息共享程度不高。通信系统和发布系统一般都是采用专用的设备,构筑在专用的系统上,信息的发布多采用单向传播,缺乏互动性。同时,传统交通系统的信息种类受限于系统的应用目的,信息来源封闭,种类单一。

　　(2) 信息标准不统一。由于数据标准、系统接口不统一导致数据无法形成共享。

　　(3) 交通信息数据是实时的海量动态数据,具有处理大量化、多样化、快速化等要求,而传统类型的数据处理远远不能满足要求。

　　云计算的应用则可以加强交通运输系统之间的信息共享,降低中心子系统的应用程序层和计算机设备层的耦合度,同时也能发挥分布式内存数据库的动态可扩展性,极大地提高了系统数据处理能力。

1.1　国内外交通参数短时预测研究

　　短时交通流预测是动态交通瓶颈预测的一个关键环节,其预测精度和速度直接影响到动态交通瓶颈预测的准确性和高效性,因此重点对短时交通流预测进行研究。短时交通流预测已经有四五十年的历史了,大体划分为 5 类方法:①基于线性理论的模型,如卡尔曼滤波、时间序列等;②基于非线性理论的模型,如小波分析、分形理论等;③基于知识发现的智能模型,如神经网络、支持向量机等;④基于混合理论的模型,如基于聚类的模型、基于分解的模型等;⑤其他预测模型,如时空分析、粗糙集理论等。

1.1.1　基于线性理论的模型

1979 年，Ahmed 和 Cook 提出一种基于自回归求和滑动平均（Autoregressive Integrated Moving Average，ARIMA）模型的短时交通流预测方法。1984 年，Iwao Okutani 和 Yorgos J. Stephanedes 首次将卡尔曼滤波应用到交通流动态预测中，并以名古屋的路网数据为基础进行实例验证，得到的平均误差小于 9%，计算结果令人满意。此后，Shao，Asai 和 Nakagawa(1999)又进一步考虑了交通流的时空特性，改变了卡尔曼滤波模型的预测因子，得到了更好的预测结果。

在国内，吉林大学的杨兆升教授是短时交通流预测领域的代表专家之一，早在 1999 年，就对卡尔曼滤波进行了研究，并充分考虑了交通流的特性，提出一种预测精度较高的短时交通流预测模型。2000 年以后，东南大学的杨晓光教授、北京交通大学的邵春福教授等纷纷对卡尔曼滤波进行了研究，并提出了进一步提高预测精度的短时交通流预测算法。随后，ARIMA 模型也得到了很多专家和学者的研究，并结合交通流的时空特征提出了预测算法，在交通流短时预测领域具有进步意义。

1.1.2　基于非线性理论的模型

20 世纪 80 年代末，Disbro 和 Frame 讨论了混沌动力学行为方法，并用它来解释 GHR(Gazis Herman Rothery)交通流模型。进入 20 世纪 90 年代，K 近邻非参数回归算法得到了研究，其中最具代表性的是 Davis G 和 Nihan，他们通过反复实验并与神经网络算法进行了比较，验证了 K 近邻非参数回归算法在交通流预测中的有效性。到了 21 世纪，Attoor Sanju Nair 等对交通流表现出的特征进行了进一步的研究，对其进行非线性分析，并基于相空间重构技术设计了新的预测方法。

国内基于非线性理论的模型始于 21 世纪，贺国光、马寿峰等(2002)结合交通流的随机性，对小波理论进行了深入研究，提出一种交通流预测模型，并通过实例进行了验证。陈淑燕和王炜(2004)对交通流的混沌特性进行了分析，引入 Lyapunov 指数，提出一种新的预测模型。随后，对于小波理论和混沌理论的研究纷纷出现，并将小波理论与其他模型结合，取得了一定的效果。承向军、刘军等(2010)对欧氏距离给出了新的定义方式，并运用分形方法对交通流进行预测。董春娇、邵春福等(2011)也对交通流的混沌特征进行了分析，将混沌理论与 Elman 网络相结合，提出一种交通流预测模型，并验证了预测效果比传统的神经网络模型更好。

1.1.3　基于知识发现的智能模型

在基于知识发现的智能模型中,已经成熟的模型主要包括基于神经网络的模型、基于支持向量机(Support Vector Machine,SVM)的模型等。

1994 年,Smith 和 Demetsky 对高速公路交通流预测方法进行了研究,设计了 4 种实验,分别是历史数据模型、时间数据模型、神经网络模型和非线性回归模型,实验证明了神经网络模型的优越性。1997 年,Dollghetry 和 Cobbett 分析了 BP(Back Propagation)神经网络的基本原理,并以此为基础构建了交通流预测模型。2004 年,Lelitha Vanajakshi 和 Laurence R. Rilett 在已有研究成果的基础上,深入研究 SVM 的基本原理,提出了基于 SVM 的城市道路短期交通流预测模型。

在国内,基于知识发现的交通流短时预测模型的研究要比国外稍微晚几年,最早研究神经网络预测模型的是吉林大学的杨兆升教授,随后他又研究了支持向量机的预测模型,其在智能交通研究领域取得的成果,大大地推进了我国智能交通系统的建设。一直以来,短时交通流预测都是智能交通领域研究的热点,并有继续上升的趋势。2010 年,夏英、梁中军等基于统计学分析区域交通流量的时空相关性,利用 SVM 对区域交通流量进行了预测,提高了预测精度。2011 年,刘晓玲、贾鹏等对交通流的时空特性进行了分析,以支持向量机模型为基础预测模型,对提交通流量进行了预测。

1.1.4　基于混合理论的模型

1969 年,Bates 和 Granger 提出了混合预测理论。1996 年,Maschavan Der Voort 和 Mark Dougherty 同样利用了混合预测的思想,综合运用神经网络和 ARIMA 模型,提出了一种交通流预测模型。2002 年,Park 提出一种基于模糊 C 类均值与 RBF(Radial Basis Function)神经网络的城市道路交叉口流量组合预测模型。2005 年,Liu 和 Wang 综合运用人工神经网络和遗传算法的基本理论,提出一种组合交通流参数预测模型,该模型有效地集合了两种模型的优势,取得了非常好的效果。

在国内,随着交通流预测研究的不断进步和发展,混合预测模型也层出不穷,如唐志强、王正武等(2005)提出的混沌神经网络模型,张玉梅、曲仕茹等(2007)提出的混沌神经网络模型,窦慧丽、刘好德(2009)提出的自回归移动平均模型(ARIMA),孙占全、刘威等(2013)提出的序贯最小优化-支持向量机模型等。

1.1.5　其他模型

除了采用上述 4 种模型进行交通流预测以外,随着计算机、数据融合等先进科学技术的发展,为交通流预测提供了更多的契机。

为了应对大规模路网交通流预测遇到的困难,Chrobo 和 Wah(2001)提出了一种基于元胞自动机的预测模型。2002 年,Anthony Stathopoulos 和 Matthew G. Karlaftis 充分考虑了通行能力、天气等多种因素对交通流运行状态的影响,提出了一种多元状态向量空间预测模型。2007 年,姚智胜对路网的空间相关性进行了分析,并将区域路网划分成多个小区,进而实现交通流预测。2010 年,为了提高交通流预测的效率,谭国真、王凡等针对大规模区域路网,提出一种并行神经网络预测模型,节省了预测时间。2013 年,董春娇、邵春福等不仅考虑了交通流的时空特性,而且考虑了车道变换、道路坡度等因素对交通流的影响,基于道路网交通流守恒方程建立了交通流预测模型。

1.2 国内外道路交通状态判别研究

早期的交通拥堵状态识别主要采用人工的方式,但是随着路网规模的扩大,城市车辆的增加,人工识别方式显得力不从心。国内外的专家学者开始研发交通拥堵状态自动识别(Automatic Congestion Identification,ACI)方法,并取得了大量的研究成果,对提高道路交通管理水平起到了很大的作用。

早在 20 世纪六七十年代,国外就出现了很多交通拥堵判别方法,主要有加利福尼亚算法(加州算法)、双指数平滑算法、标准偏差算法、贝叶斯算法、McMaster 算法、波动分析法等,这些交通拥堵判别方法都是基于感应线圈检测技术实现的。

进入 20 世纪 90 年代,随着模糊数学、模式识别、神经网络、支持向量机等理论的发展和数据融合、视频检测、浮动车等技术的进步,出现了更多的交通拥堵状态判别新方法,主要有基于人工神经网络(Artificial Neural Network,ANN)的方法、基于视频图像处理技术的方法、基于三相交通理论的方法、基于支持向量机的方法、基于浮动车数据的方法、基于卡尔曼滤波的方法、基于模糊数学的方法等,这些方法多数是针对高速公路突发事件进行判别的。

除此之外,Shantanu Das 和 David Levinson 运用排队论和统计分析的方法提出了一种高速公路交通瓶颈识别方法,结果表明随着交通流状态的变化,动态交通瓶颈是会发生转移的。

国内关于交通拥堵自动识别研究起步得比较晚,大概开始于 20 世纪 90 年代,在国外相关理论的基础上,多数研究成果是基于模式识别、神经网络等实现的。

长安大学姜紫峰教授是交通事件检测领域研究比较早的专家,他的研究成果主要有《基于小波分析和神经网络的高速公路自动检测算法》(1996)、《高速公路事故自动检测算法的探讨》(1999)、《基于神经网络的交通事件检测算法》(2000)等,这些研究成果都推动了我国交通事件检测技术的发展。吉林大学姜桂艳教授也是交通事件检测领域的专家,她的研究成果之一为《高速公路交通事件自动检测系统与算法设计》(2001),该论文设计了一种高速公路三级报警制度,同时应用三层前向神经网络对交通事件进行检测;除此之外,还提出了基于模糊聚类的城市道路交通状态判别方法。吉林大学杨兆升教授也是交通事件检测领域研究较早的专家,在国内,他最早将模糊推理应用到交通事件检测领域。随后,各种交通信息检测技术迅速发展,进而出现了很多基于交通信息采集技术的交通状态判别方法,如基于环形线圈采集技术的方法(2006),基于 GPS 浮动车数据的方法(2007)、基于感应线圈数据的方法(2007)、基于视频检测的方法(2010)等。

近几年,国内的专家和学者热衷于对区域交通状态识别方法的研究,多数研究成果是考虑了交叉口和路段的交通状态或者结合路网的拓扑结构对区域路网的交通状态进行识别。除此之外,非常态事件下的区域路网交通状态判别也有不少的相关研究成果。

专门针对交通瓶颈识别方面的研究成果主要有:贺寒辉(2006)在基于仿真技术研究交通瓶颈时给出的一种基于约束理论的瓶颈定位方法;胡迎鹏(2008)通过对实际路网的抽象,并结合路网流量均衡理论,设计了一种路网瓶颈点的识别方法;戢晓峰(2009)提出了一种基于粗糙集的路网交通瓶颈识别方法;郑中元(2009)将城市道路中的交通瓶颈分为要素瓶颈和结构瓶颈两大类,对于要素瓶颈设计了识别指标,给出了识别的流程,并进行了验证,在此基础上,实现了结构瓶颈的识别;邓瑞(2012)分别基于模糊推理和关联规则挖掘提出了固定交通瓶颈识别方法和动态交通瓶颈识别方法。

1.3 国内外交通信号控制研究

第一台交通信号机出现于 1868 年,安装于英国伦敦威斯脱敏特(Westminster)地区,不同于现在的三色交通灯,它只有红绿两种颜色。当时,信号灯仅仅是为了使各种冲突车流分时地使用交叉路口和减少交通事故而设置的。但是,不久人们发现,早期使用的自动信号机是按照某种规定不变的周期长度和红绿灯比例来控制信号运行的,这一方法的缺点是无法适应一日当中交通流量变化的情况。只有适当地调整信号灯各相位的长短及比例,才能高效率地利用交叉路口,由此开始了优化信号配时的历史,即信号灯最优控制的历史。1918 年,第一个具有此功能的所谓滤波系统在美国的盐湖城建立,这是一种无计算机、定周期的各路口信号灯协调最优控制系统。

20 世纪 60 年代,世界各国开始研究一种范围较大的信号联动协调控制系统。这一研究不仅包括电子计算机作为控制系统中枢的应用(硬件和软件的技术开发),也包括大规模数据传输系统和各类终端设备的研究。由于微处理技术的进展和各种新型微处理机的问世,不仅出现了以微处理机作为主控机的区域交通控制系统,而且各种终端控制设备(信号机、检测器和交通状况自动记录仪、系统故障监视装置、可变交通标志等)也可广泛运用微处理技术,从而使控制系统的功能日臻完善,控制技术也发生飞跃性的变革。与此同时,在软件技术开发上也出现了可喜的进展。英国学者设计的区域控制系统优化程序——TRANSYT(Traffic Network Study Tool)被世界各国广泛采用。1959 年,加拿大多伦多市开展了对计算机控制信号灯的研究,1964 年,多伦多成了世界上第一个具有区域交通计算机控制系统的城市。20 世纪 70 年代初,英国也在西伦敦和格拉斯哥市建成试验性区域交通控制系统。据不完全统计,到 20 世纪 80 年代初,世界上已有 250 个城市建立了区域交通控制系统。

1973 年,英国运输和道路研究所(Transport and Road Research Laboratory,TRRL)开始研制第二代区域控制系统,它是一种数据反馈自控系统,能够根据路网上当时实际交通情况,利用在线计算机不断调整配时方案的基本参数,以求最佳的效果,该系统叫 SCOOT(Split Cycle Offset Optimization Technique)系统;另外,澳大利亚的 SCATS(Sydney Coordinated Adaptive Traffic System)也推广到了许多城市。

自从计算机应用于交通系统以来,控制系统的控制规模逐渐从单个交叉路口的点控、单条干道的线控发展到整个网络的面控。由此可见,从信号灯的出现到今天,控制系统的功能从低级到高级,从简单到复杂,不断发展前进,并且随着城市交通问题的日益严峻而不断发展。

我国的计算机控制信号灯的研究起步较晚,到 20 世纪 70 年代才开始。1973 在北京应用 TRANSYT 方法进行了线控实验,由于通信系统的硬件设备经常出问题而没有取得很好的效果。到了 20 世纪 80 年代后,对于部分大城市来说,城市的交通拥堵问题已成为十分严峻的问题。这时国内对计算机的研究已经比较成熟。所以重新开始了计算机控制和管理的研究。北京、上海、深圳等大城市开始陆续引进国外先进的区域控制系统,同时开始结合我国城市交通的特点,研发实时控制自适应系统,对机动车、自行车参数的检测,模型的建立,配时参数的优化等问题进行了研究。目前,国内绝大多数城市都安装了城市交通信号控制系统,运用信号控制解决城市交通问题已成为交通管理决策者考虑的首要因素。

交通信号控制技术的演变经历了从初级到高级的过程,如图 1-2 所示。交通信号控制范围的初级为单点控制,所用设备比较简单,只要在每个需要控制的交叉口设置一台信号机就行了,无须设置主控制机或计算机控制中心;投资节省,设备运行管理及维修费用也较少。然而这种控制效率差,缺乏考虑其他交叉口的车辆运行,各个交叉口之间没有联动关系,车辆行驶过程中停车次数增多,延误增加的弊端,演变出控制多个交叉口的线控及面

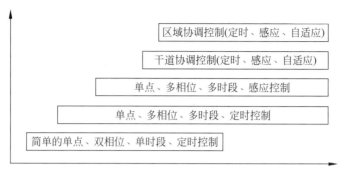

图 1-2　交通信号控制技术的演变

控,二者的基础是单点控制。交通信号控制方法的最初形式为定时控制,表现为"双相位、单时段、定时控制"。随着车辆数量的不断增多且随机特性,交叉口车流的组织形式出现了双相位、多时段定时控制。不论哪种固定配时控制系统,它们都有一个或一系列事先脱机运算确定的配时方案,绿灯时间的长短、信号周期以及每个方向上绿灯的起讫时间都是相对固定的,即在某一确定的时间区段中,上述这些配时参数保持不变。感应控制及自适应控制能够将检测到的车辆到达信息传输给信号控制机或区域控制计算机,根据这种实时交通信息对信号实行随机控制(包括每种灯色显示时间的长短和各进口方向灯色转换时序),是对定时控制的改进控制方法。在饱和程度较低的交叉口,或者几个进口方向车流量相差悬殊的交叉口,感应式控制的效率是很高的。然而,当交叉口总的饱和度很高,即各方向的车流量均接近实际允许通过能力时,绿灯时间在各方向车流之间的分配便无多大调整余地了,因而实际运行起来,这种系统无异于固定配时控制系统。过去这种感应式控制系统多用于单个交叉口的独立控制,所以车辆全程行驶的连续性还是不能得到保证。为了克服感应式和固定配时两种控制系统各自的缺点,扬其之长,第二代区域控制系统即自适应控制系统应运而生。

　　自从计算机应用于交通系统以来,交通信号控制系统的控制规模逐渐从单个交叉口的点控、单条干道的线控发展到整个路网的面控,控制方式也从离线的固定配时控制发展到在线实时自适应控制,并且在线实时控制方式的适应交通流变化能力不断增强,控制效果不断提高。

　　目前,国外有 5 种典型的交通信号控制系统。

1. 交通网络研究工具(TRANSYT)

　　TRANSYT 是最成功的固定配时协调控制系统。该系统要求提前对路网结构和路口通行能力进行调查并输入计算机存储,然后对交通流进行调查,把调查结果输入计算机进行脱机优化,得到不同时段不同路口的信号配时方案。将优化好的不同时段的信号配时方案输入到路口信号控制器中,各个路口的信号控制器按上端主控机指令及统一时钟控制进行运转,以达到信号协调优化的目的。

该系统由仿真模型和优化部分组成,其原理框图如图 1-3 所示。

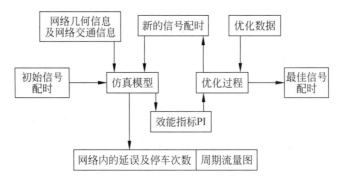

图 1-3　TRANSYT 系统基本原理框图

该系统已被世界上 400 多个城市所采用,实践证明其产生的社会经济效益很显著。但也存在着许多不足:①计算量很大,在大城市中这一问题尤为突出;②周期时长不进行优化,事实上很难获得整体最优的配时方案;③因其离线优化,需大量的路网几何尺寸和交通流数据,在城市发展较快时,为保证可信度往往不得不花费大量时间、人力、财力重新采集数据再优化,制定新方案。

2. 悉尼自适应交通控制系统(SCATS)

SCATS 是一种实时配时(参数)方案选择的自适应控制系统。SCATS 通过少量的在线计算,从预先确定的参数集里选择周期、绿信比和相位差的组合。系统被设定为在搜集到的数据基础上自动校准,尽可能减少手动校准和调节。

SCATS 的控制结构为分层式三级控制,由中央监控中心、地区控制中心和信号控制机构成。该系统通过中央计算机、区域性计算机和本地控制器来执行大规模的网络控制。区域性计算机不需要中央计算机的任何帮助就可以执行自适应控制,而中央计算机只监控系统运作情况和设备状态。

SCATS 系统充分体现了计算机网络技术的突出优点,结构易于更改,控制方案容易变换。在需要的情况下,SCATS 能合并相邻地区联合控制,也可允许各路口自主实行车辆感应控制。经悉尼市的对比实验表明,SCATS 与 TRANSYT 相比,在总旅行时间相同的情况下停车次数明显减少。然而 SCATS 系统有几个明显不足:①SCATS 是一种方案选择系统,限制了配时参数的优化程度;②选择相位差方案时,无车流实时信息反馈,可靠性低。

3. SCOOT 系统

SCOOT 是一种对实时交通状况进行模拟的自适应控制系统。其硬件组成包括 3 个主要部分：中心计算机及外围设备、数据传输网络和外设装置(包括交通信号控制机、车辆检测器或摄像装置及信号等)。软件大体由 5 部分组成：①车辆检测数据的采集和分析；②交通模型(用于计算延误时间和排队长度等)；③配时方案参数优化调整；④信号控制方案的执行；⑤系统检测。以上 5 个子系统相互配合、协调工作,共同完成交通控制任务。

SCOOT 系统有一个灵活、准确的实时交通模型,不仅用于制定配时方案,还可以提供各种交通信息；SCOOT 采用对下一周期的交通进行预测的方法,提高了结果的可靠性和有效性；SCOOT 调整参数时采用频繁的小增量变化,既避免了信号参数突变给路网上车辆带来的损失,又可通过频繁地累加变化来适应交通条件的变化；SCOOT 的车辆检测器埋设在上游路口的出口处,为下游交叉口信号配时预留了充足的时间,且可有足够时间做出反应以预防车队阻塞到上游交叉口。同时,检测器故障时,它亦能做出相应调整,减少影响。SCOOT 的不足是：①相位不能自动增减,相序不能自动改变；②独立的控制子区的划分不能自行解决,需人工确定；③饱和流率的校核未自动化,使现场安装调试时相当烦琐。

4. OPAC(Optimization Policies for Adaptive Control)系统

OPAC 系统是 1983 年由美国提出的,并已在 20 世纪 90 年代初开始试运行。该控制系统采用了动态规划原理来优化控制策略及在反传动态编程算法中提出离散时间周期性滚动优化的方法；同时,采用分散式控制结构以减少网络通信量,将危险分散。

5. RHODES(Real-time Hierarchical Optimized Distributed and Effective System)

RHODES 由美国亚利桑那州立大学的 Mirchandani 等开发成功,并陆续在美国亚利桑那州的图森市和腾比市进行了现场测试,结果表明该系统对半拥堵的交通网络比较有效。相位可控制化(Controlled Optimization of Phases,COP)、REALBAND(有效绿波带)和预测算法是 RHODES 的核心技术。

(1) RHODES 的原型。RHODES 最新版本的原型如图 1-4 所示。它由 5 部分组成：网络流优化模块；交叉口优化模块；路段车流预测模块；车队预测模块；参数及状态估计模块。交叉口优化模块和路段车流预测模块一起构成交叉口控制器,网络流优化模块和车队预测模块一起构成网络流控制器。

(2) 预测模型。对于提前响应交通信号控制,为了按有效的目标优化相位配时方案,在

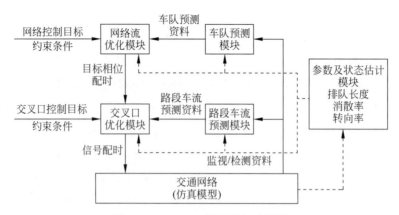

图 1-4　RHODES 原型的组成框图

线实时预测车辆的到达、转向率和车队的运动是非常重要的,因此 RHODES 在预测方法上进行了深入研究,提出了一种更有效的分级在线实时预测模型。这种预测模型由 3 级组成:①路口流量估计/预测器,预测若干秒内路口各方向的车流量;②网络流估计/预测器,预测若干分钟内网络内车队的运动状况;③网络负荷估计/预测器,预测若干分钟、小时或一天内的现有通行能力、旅行时间、路网阻塞情况等。

(3) 控制方法。提出了两种控制方法:一种是相位可控优化概念 COP,另一种是"有效绿波带"(REALBAND)的算法。相位可控优化概念 COP:根据到达车辆的预测值,用动态规划方法找出最优相序和相位长度,使给定的性能指标达到最优。优化前要给定相序(可以由上一层的网络流控制给出),以便每个阶段对应一个相位,且阶段数一般大于相位数,即可能有相同的相位对应不同的阶段。若交通工程师没有限制,允许通过把某一相位长度置为 0 而跳相,RHODES 正是通过这样的跳相方式来达到优化相序的目的。COP 先前向递推评价每一阶段每一项可能的决策,再后向递推决定系统性能指标最小的相序和相位长度,并把第一阶段的决策付诸实施。接着在当前相位即将结束前,从当前相位开始,根据最近的检测数据和预测数据,进行下一次优化。COP 采用了不同的性能指标(包括延误、排队长度和停车次数),从而使控制算法更灵活。

"有效绿波带"算法的基本原理:根据当前的车队预测值,综合考虑网络各个方向车队可能发生的冲突,用决策树对网络交通信号进行协调优化并生成行进绿波带,其宽度和速度值能使网络目标函数达到最优,即延误和停车次数最少。

"有效绿波带"算法的优点:利用实时交通流数据,准确识别出车队并预测其在网络中的运动,并调整交通信号以适应识别出的车队;不必预先给出相序,其输出为下一层控制(交叉口控制)为进一步优化提供初始的相位划分和协调约束条件。

1.4 国内外交通诱导研究

交通诱导系统在路网交通管理中的作用早已被世界上许多发达国家所重视,并开展了大量的研究工作,形成了以美国、日本、欧洲为代表的三大阵营,所开发的交通诱导系统在实际应用中发挥了巨大的作用。

1.4.1 美国

从 1990 年开始,美国联邦公路委员会、佛罗里达交通部、美国汽车委员会等联合研发了车辆诱导系统,即 TravTek,时隔两年后,正式在奥兰多市运营。该系统可以提供车辆当前位置信息、车辆动态信息、最短路径等。

1.4.2 日本

日本的车辆诱导系统一直处于世界领先水平,自 1973 年起,就开始致力于基于射频(Radio Frequency,RF)的车辆诱导系统的研发和实验,称为 CACS(Comprehensive Automobile Traffic Control System),并且通过实验发现,这个系统有效减少行程时间。从 1990 年开始,日本建立了 RGS 项目,通过该项目的研发,世界上第一个可以提供无偿服务的交通信息服务系统问世,该系统提供最短路径选择信息、天气状况信息、停车信息等。后来,日本又出现了先进的信息服务系统(Automatic Terminal Information System,ATIS),该系统开始提供有偿信息。1994 年,日本又出现了一种新的车辆诱导系统,该系统包括两部分,即 ATIS 中心和终端,每隔 5min,ATIS 就会获取一次交通信息包,并将它发送给信息终端,信息终端将以一幅电子地图的形式显示出来,该地图给出了交通拥堵状况,并给推荐了最短路径。

1.4.3 欧洲

20 世纪 80 年代,德国研发了 LISB 系统,英国研发了 Auto Guide 系统,这两个系统都是欧洲典型的车辆路径诱导系统。除此之外,还有英国的 Traffic Master,是世界上第一个商用车辆路径诱导系统。20 世纪 90 年代,德国西门子公司研发了 ALI-Scout 系统,该系统被广泛应用于柏林等欧洲城市,是国际上典型的车辆诱导系统,也曾应用到了美国。后来,德国又研发了双模式路径诱导系统,该系统基于红外信标进行路径诱导,基于 RDS-TMC 交通广播实现交通诱导。

1.4.4　中国

国内车辆导航系统的研究起步较晚,主要由一些科研院所、学校及少数公司进行探索性研究实验。如由吉林工业大学带头开发的城市交通流诱导系统(Urban Traffic Flow Guidance System,UTFGS)是中国的第一个动态路径诱导系统研究项目。UTFGS根据我国混合交通的实际特点,以城市交通面控系统资源为依托,是一种基于实时交通信息的出行者信息和分布式动态路径诱导系统。这是一种结合我国国情,考虑长远发展得比较全面的系统。

1.5　国内外交通控制与诱导协同研究

交通控制与诱导协同是有效平衡路网负荷,提高路网运行效率,减少出行延误的重要手段,也是智能交通系统的核心内容。如何实现实时、动态、高效的交通控制与诱导协同,是几十年来国内外交通领域专家一直研究的关键问题。交通控制与诱导协同的中心问题是协同模式和模型算法,这也是学者们研究的焦点。

1.5.1　协同模式

交通控制与诱导的协同模式是协同优劣的一个决定性因素。由于复杂交通流的非线性及动态性特点,控制与诱导的协同模式也不是一成不变的,呈现出动态的特点。在不同的环境和条件下是不同的,即使对同一个交通网络,在不同的时段中,交通状态不同、管理的目标不同,二者之间协同的具体实现方式也会不同。从UTCS和UTFGS协同的侧重点来看,控制与诱导协同模式主要有以下几种。

1. 独立式

独立式并不是把UTCS和UTFGS完全孤立开来,从数据采集到方案执行都是各行其是,毫无联系的。二者之间的协同是以低层次上的数据信息关联的形式存在。这种协调的目的是提高各种数据采集、传输、处理系统的利用率,以及数据和信息的共享度和可靠性,从而提高控制与诱导各自的管理效果。这种模式主要适用于路网车流密度较小,车辆诱导比例也相对较小的情况。

例如,Belletal(1991)提出的交通流最佳路径诱导和交通控制的低水平协同就属于此种协同模式。这种协同思路比较容易操作,交通控制系统和交通流诱导系统都需要全面、实时地采集到路网交通信息,而当前的各种检测设备基本上都是为交通控制服务的。因此,此模式的重点在于实现交通规划数据、基础设施数据、交通控制、交通监控、接/出警等交通信息的共享。

2. 偏重式

此种方式下,交通控制与诱导呈现非对称性,它们之间是从属关系。甲方及时将其方案报告给乙方,作为乙方的外生变量或约束条件,这样就把双方复杂的动态交互关系简化为静态的单向关联,一定程度上改善了协同的结果。这种模式主要适用于车流密度不太大的情况。

1) 以诱导为主的偏重式结构

Shimizu,Kobayashi 等(1995)提出一个以交通流诱导为主的两系统协同概念框架。信号控制系统通过检测到的交通信息进行信号基本参数优化,以综合 PI 指标值最小放行交叉口的到达车辆,得到的信号控制参数作为诱导系统的输入,诱导系统再根据交通流的运行状态预测行程时间,生成最佳诱导方案施加于交通系统中,从而均衡路网流量,避免拥堵路段的产生。

2) 以控制为主的偏重式结构

Nathan H. Gartner 和 Chronis Stamatiadis(1996)提出一种实时交通信号控制与动态交通流诱导协同的框架。该理念首先依据不同的交通状态将交通信号控制分为 6 个层次的自适应控制策略,应用动态交通分配模型预测路网交通状态,将需要诱导的路段及其相关信息传输给信号控制系统,与信号控制方案进行匹配,预先制定相应的动态控制方案,减少车辆在交叉口的延误。

3. 同等重要式

此种方式下,控制与诱导处于平等的地位,二者在一个共同的目标下,充分考虑两个系统的耦合关系,以及它们如何影响交通系统的运行,共同优化和管理交通流,避免二者决策行为之间的冲突和矛盾。这种模式主要有协作式、递阶协调式和一体化方式,主要适用于车流密度较大的情况。

1) 协作式

这种模式下,虽然控制与诱导具有共同的优化目标,但二者依据各自的模型算法独立进行求解,并以共同的优化目标为纽带以一定的规则进行信息的交互,经过多次迭代后,最后找到一个准最优解。

2) 递阶协调式

这种模式由独立层和协调层组成。它基于大系统递阶协调控制的思想,在独立层上,控制与诱导独立进行求解,并将结果传至协调层,在协调层将二者的优化结果在整体优化目标下通过协调模型进行协调,并将协调结果及相关信息返回给独立层,指导控制与诱导新一轮的优化。这样经过多次迭代,逐步逼近,找到一个准最优解。与协作式不同的是,此模式多了一个协调模型,由此将二者协同起来,协同效果较好。

3)一体化方式

这种模式下,控制与诱导已不再是独立的个体,已经融为一体。系统以路网总体指标为优化目标建立一个完整的协同模型,控制与诱导方案作为系统控制方案的分量,综合控制与诱导的所有状态方程和约束作为系统的状态方程和约束,应用一定的求解算法一次性求得控制与诱导的最优方案,使得二者的协同效果达到最佳,这也是一种比较理想的控制方式。

1.5.2 模型算法

确定交通控制与诱导的协同模式以后,接下来便是寻求相应的模型算法。控制与诱导系统是交通系统中两个很重要的子系统,本来各自的优化就是一项复杂的工程,涉及驾驶员行为、信号控制参数的确定、动态交通分配模型、路阻计算、优化目标函数等一系列问题。所以,控制与诱导协同系统便是一项更为复杂的工程,其模型算法的建立就显得尤为重要。近年来,专家和学者针对协同的模型算法进行了大量深入的研究工作,出现了许多模型算法,总体来看,主要分为以下几种。

1. 偏重式优化模型

这种模型主要包括在已定交通控制下的动态交通分配模型和在确定性交通流诱导策略下的交叉口信号控制实时优化模型。在这种模型中,一方的优化方案已知,其优化结果充当另一方优化模型中的外生变量和约束条件,然后对后者的优化模型进行重点求解。

例如,Charlesworth(1975)使用 TRANSYT 模型,将路段的总运行延误时间作为路段流量的函数,研究了在一个固定信号配时控制的路网上如何通过交通流估计运行时间。这个模型主要是以信号控制参数不变为基础,通过路段流量大小估计行程时间,属于在已定交通控制下的动态交通分配模型。

以 SCOOT 为代表的交通控制模型就是一个典型的在确定性交通流诱导策略下的交叉口信号控制实时优化模型。这种模型比较简单,求解比较容易,由于其中一方作为已知变量,所以此模型的动态性受到一定的影响,实时性不太好。

2. 控制与诱导迭代优化

此模型包含两个子模型,二者具有共同的优化目标,通过一些共有的控制变量相互联系起来。分别在固定的交通流下调整信号配时,或者在固定的信号配时下求解交通流均衡问题,将两个系统进行迭代优化,直至两个子系统的解收敛至某一标准,找到两个系统各自的最优解。

Cantarella 等(1991)提出组合交通控制和交通诱导求解的一种迭代方法。该方法中交通控制问题以二阶段方法解决(即第一阶段确定绿信比,第二阶段基于总计延误最小来确定信号调整),但是在小规模网络上试验后发现它并没有令人满意的收敛性。

迭代方法的优点是能用传统的控制与诱导的模型和算法解决问题,实现起来比较容易,并且可以利用传统的分配和信号配时方法解决问题且能应用于大的交通网络。但是很多情况下不能保证迭代方法产生一个收敛解,即使这个方法收敛,很可能是局部最优解,而不是整体最优解,从而影响控制与诱导协同的效果。

3. 全局优化

此模型兼顾系统最优和用户最优,取二者的折中点作为优化目标,将诱导方案与控制方案作为系统的控制分量,综合控制与诱导的所有状态方程和约束作为系统的状态方程和约束,并通过各种优化方法进行求解。它从交通流系统整体的运行效果出发,通过一个统一的优化模型同时得到控制和诱导的最优解,克服了迭代方法非收敛和局部最优的缺陷。

Yang 和 Yagar(1994,1995)把组合控制和诱导问题也表示为双层规划,上层是最优化交通控制问题,下层是静态用户平衡分配问题。为了提供信号控制影响,Yang 和 Yagar 修改了排队网络的交通诱导模型。每当路段交通流大于路段离开能力时,流量超过通行能力的部分进入排队。

此模型比较复杂,在实际路网上,模型的维数过大,求解比较困难,这一点有待攻破,也是目前国内外学者研究的热点。

第 2 章 智能交通系统云框架构建

本章要点

　　本章阐述云计算应用于智能交通系统的必要性，设计基于云计算的智能交通系统框架。首先分析智能交通系统的云需求，对云计算的概念、特点和实现机制进行研究，并设计智能交通云系统的基本框架；然后设计基于云计算的智能交通系统的基本框架。

　　2006 年 8 月 9 日，Google 公司在搜索引擎大会上首次提出了"云计算"的概念，随着全球信息化的快速发展和不断推进，云计算作为一种新型的计算模型，迅速成为信息领域的热点，也引起了越来越多的关注，云计算也以极快的速度从概念走向了应用。一些大公司相继推出了自己的云计算特色产品抢夺潜在的市场。IBM 公司推出"蓝云"计划，在世界多个城市建立了云计算中心；亚马逊公司在弹性计算云 EC2（Elastic Compute Cloud）的基础上研发了亚马逊网络服务（Amazon Web Services），全面开辟云计算领域；SUN 公司有"黑盒子"云计划；苹果公司推出"Mobile Me"云计算业务；英特尔、惠普、戴尔、雅虎等公司也纷纷进入云计算市场，这些公司在云计算领域都已经取得了显著成效。

　　中国的云计算市场发展潜力巨大，微软中国研发集团主席张亚勤就曾在"2009 中国首个云计算大会"上说过："在未来 5 年，随着移动电话、互联网和其他智能设备的发展，全球 60 亿人将受益。过去的 IT 中心在美国、欧洲，现在的重心转移到了包括中国在内的亚洲。"

　　近年来，我国对芯片、操作系统、数据库等信息产业的发展尤为重视，2016 年国务院印发的《国家创新驱动发展战略纲要》中提出，要构建结构合理、先进管用、开放兼容、自主可控、具有国际竞争力的现代产业技术体系，推动移动互联网、云计算、物联网、大数据、高性能计算、移动智能终端等技术研发和综合应用。根据中国信息通信研究院的预测,预计未来几年我国私有云市场将保持稳定增长,到2022年,私有云市场规模将达到1172亿元。云计算是信息技术发展和服务模式创新的集中体现,是信息化发展的重大变革和必然趋势,随着云计算市场的快速发展和国家政策的大力支持,未来云计算产业面临良好的发展机遇。

随着云计算技术的越来越成熟,各种各样的云计算产品和服务应运而生,如云盘、云软件、云备份、云分享等,已经是我们生活中不可缺少的一部分。除此之外,由于云计算具有计算速度快、负载均衡等特点,在学术界得到了广泛的应用,如基于云计算的个人信息融合系统、基于云计算的图书馆信息平台、基于云计算的高铁振动数据处理系统、基于云计算的智能交通系统等。

尽管城市智能交通系统已经有了飞速的发展,但是随着现代科技与基础理论的不断发展,城市智能交通系统也逐渐向着智能化的方向发展。在技术层面上,要解决交通信息和数据的共享与交换、海量交通数据的处理,通过交通控制系统、交通诱导系统与其他管理手段协调运行来实现对城市交通系统的最佳管理和控制。云计算这种新兴技术的出现,正好为交通智能化提供了的空间,将云计算应用到智能交通中已成为未来智能交通的发展趋势,在此基础上我国的学者提出了智能交通云、交通信息云等的构建,为交通出行者、交通管理者提供实时的交通信息。

2.1 云计算应用于智能交通系统的必要性分析

城市道路交通系统由人、车、路和环境构成,是一个极其复杂的、多变的、非线性的大系统,因此携带了庞大的交通数据资源,包括人、车、路和环境等要素信息以及这些要素的相互关系信息。在大数据时代,海量交通数据资源的处理和发布迎来了新的挑战,云计算以其独特的优势,与智能交通系统具有完美的契合之处,因此,可以运用云计算处理和分析海量交通信息,构建智能交通云系统,从而更好地满足交通管理者和出行者的需求。

实时、准确、高效、安全、节能是智能交通系统建设的目标,而交通信息服务系统实现了海量交通数据的存储、处理、提取和传输,是实现这一目标的基础。当前,我国的智能交通系统建设已经初见成效,但如何高效地利用海量交通信息,并且实时地服务各个交通部门和出行者,是一个亟待解决的关键问题。云计算技术以其快速部署、快速处理、弹性计算、便于扩展等特点,为解决智能交通系统建设中这一关键问题提供了契机。根据智能交通系统的建设目标和服务对象,分析其具体需求如下。

1. 交通信息服务系统的需求

如何在节省成本的前提下,对所有的交通信息进行有效存储、高效处理、智能分析和实时发布,一直困扰着交通管理部门和智能交通系统的研究学者。云计算的发展,给交通管理部门带来了希望,仅仅需要一些廉价的服务器,构建成一个分布式的计算机集群,就可以将海量的交通信息分单元、并行式处理,节省人力、物力、财力,提高效率。

2. 交通管理部门的需求

交通管理部门在制定相应的交通控制或交通诱导策略之前,要对采集到的海量交通数据进行整合、挖掘与分析,从采集到的交通数据中尽可能多地获取交通流信息和路网交通状态信息。同样,交通数据的整合、挖掘与分析对效率提出了很高的要求。云计算是一种因海量数据高效处理而生的技术,将多种智能分析方法与云计算结合,无疑是解决海量交通数据挖掘与分析的最好手段。

3. 交通状态预测的需求

交通流预测是实现交通流诱导的前提。然而,随着路网规模的不断扩大,交通信息采集方式的多样化,给交通流预测带来了巨大的困难,如计算量庞大、计算需求变化大等。传统的串行处理模式已经难以满足用户的需求,更无法满足智能交通系统对交通信息处理的实时性和准确性需求。云计算具有自我容错能力,可以实时调整并行计算节点的数量,非常适用于动态交通状态预测。

4. 系统的扩展性需求

因为智能交通系统包含多个子系统,充分考虑对资源、软硬件的利用率,所以需要系统具有良好的扩展性。在智能交通系统建设上,整合和共享交通行业的所有信息,并实现高效的处理、准确的分析和实时的发布,从而保证道路交通系统有序的运行。在这方面,云计算依然是最佳的选择,因为云计算具有"云"的特质,即具有良好的扩展性和伸缩性,很好地满足了这一需求。

综上所述,云计算具有庞大交通信息高效处理能力、多用户服务功能、动态的负载均衡能力、良好的扩展性和软件冗余机制,无论是技术特点还是形成理念,都与智能交通系统有着天然的高度契合。在未来的智能交通系统建设中,应该积极地与云计算结合,在云架构上实现海量交通数据组织与挖掘、海量交通信息处理与分析、海量交通信息实时发布与共享等。

2.2　云计算和 Hadoop

2006 年 8 月,Google 公司首席执行官 Eric Schmidt 首次提出云计算(Cloud Computing)的概念。2007 年 10 月,Google 和 IBM 公司开始推广云计算,此后云计算一直备受关注,并且关注程度一直居高不下。图 2-1 所示是云计算、多核(Multicore)、并行编程(Parallel Programming)、安卓开发(Android Development)和苹果公司的移动操作系统开发(iOS Development)在 Google 中的搜索指数。可以看出,从 2007 年下半年起,"云计算"一直处于最受关注的位置,并且还在不断上升。在云计算的环境下,程序员无须过多地为并行编程而苦恼,因此"并行编程"处于下降的趋势。

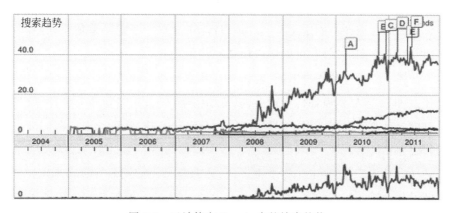

图 2-1　云计算在 Google 中的搜索趋势

Google 公司开发了 Google 云计算的核心技术,并将其成功运用在全球最忙碌的搜索引擎上,基于互联网的导航地图 Google Maps 和 Google Earth,涵盖了全球各国的所有地区,其搜索数量和计算规模巨大,Google 云计算的使用堪称全球翘楚。其他国家为了缩短与 Google 的差距,也相继致力于云计算的相关研究,纷纷提出了云计算的长期规划,建立云计算中心,发展云计算产品。经过不断的发展,云计算产生了很多项目,如美国亚马逊(Amazon)公司的弹性计算网云系统,成功地为团队的软件开发提供了强有力的硬件支持,是团队项目数据存储的基础。另外还有美国 IBM 公司 2007 年推出的"蓝云"项目,2008 年微软公司推出的 Windows 云计算平台,SUM 公司推出的 Network.com 和 Black Box 计划。

在我国,2008 年开启了云计算的元年,IBM 公司首先在无锡建立了云计算中心,该云计算中心为亚太地区规模最大的云计算中心,也是全球第一个用于商业发展的中心。其他企业也投入到云计算的研发中,华为、中兴等公司都研发了先进完善的云存储系统和相应的设备。阿里巴巴研发了"电子商务云计算中心",阿里海量的商业数据和操作都融入这个云计算中心,该云计算中心所提供的计算能力和商业服务很好地满足了阿里巴巴的数据业务。中国移动推出了"Big Cloud"云计算中心,该云计算中心为电信领域云计算的发展奠定了一定的基础,随后,中国电信也推出了"e云",该云计算中心解决了用户资料的安全性保障问题。

2.2.1 云计算

1. 云计算的概念

从"云计算"的字面理解,"云"是庞大的象征,"计算"是处理数据的意思,那么"云计算"让人首先联想到的就是处理庞大数据的一种技术。是的,云计算是因处理大数据集而生,但是它不仅仅如此。云计算的定义有上百种,目前还没有一个定义是被公认的。针对用户对云计算的关注点之间的区别,可以将云计算进行如下定义。

针对云计算服务的终端用户来说,云计算就是一种基于网络的应用服务。用户不需要知道云是什么,也不需要知道如何管理云,以及如何储存云,只需要知道云计算服务是按需收费的就可以。只要可以接入网络,只要拥有一个移动终端,就可以在任何时间、任何位置调用云计算服务和信息。

针对云计算系统设计的 IT 工作者来说,云计算就是一种网络计算模型。IT 工作者不需要过多考虑节点间的配合问题,只需要知道特定的编程环境需要特定的编程模型,就可以通过特定的编程语言,对需要的系统进行开发设计。

针对云计算服务的供应商来说,云计算就是一个大的资源池,集成了大量的资源供多用户使用,并且将无人租用的资源重新分配,供应商只需要关心资源的租金,以及根据资源的需求量调整租金。

综上所述,云计算是一种商业计算模型,它将计算任务分配到大量计算机构成的资源池中,使用户能够按需获取计算力、存储空间和信息服务。

2. 云计算的特点

云计算具有自然界中云的特点,比如规模超大、可以动态变化、飘忽不定等。因为云计算是一种商业的计算模式,所以有人说云计算的运行方式像水、电一样,使用方便,按需收费,价格低廉。在云计算之前,计算科学经历了并行计算、分布计算、网格计算等阶段,可以说云计算是这些计算科学的发展和商业实现。因此,云计算除了具有这些计算科学的特点以外,还具有它自己的优点。

（1）规模庞大。云计算的规模相当大,著名的谷歌、亚马逊、IBM 等公司的云计算并不是区区几台机器就可以的,是需要几十万台机器构成的,并且还处于不断扩展中。即使是企业的私有云也要成百上千台的计算机。

（2）虚拟化。云计算的用户只需要拥有一台移动设备,并且与互联网连接,保持网络良好,就可以随时随地获得云服务,如云存储、云打印、云共享等,这些服务都来源于虚拟的“云”。

（3）高可靠性。云计算自身具有容错机制,当某些节点出现问题或者发生故障时,主节点会自动将该节点的任务分配给其他的空闲节点,从而保证云服务的高可靠性。因此,用户不需要担心“云”是不是安全。

（4）通用性。云服务具有通用性、多种多样性的特点,主要表现在一个大型的“云”可以支持多种服务。当构建了一个云计算架构以后,只要“云”与相适应的场景相结合,与相适应的算法相结合,就可以带来各种服务。

（5）高可伸缩性。随着用户对云服务的需求规模的增长,云计算可以动态扩展,扩大云服务的规模,以满足用户的需求。比如,当 100 台机器无法满足用户需求时,就可以再增加 100 台机器,只要采用同样的配置方式,就可以保证这 200 台机器有效地提供云服务。

（6）按需服务。云服务就像是水、电一样,按需收费。商家根据用户需求设置合理的收费机制,按照用户需要服务的程度收取相应的费用,当该用户不再需要云服务时,可以随时将云服务转给其他用户。

（7）廉价。仅仅是一些普通的计算机集合起来就可以构成“云”,“云”自身具有容错机制,而且“云”的管理是完全自动化的,所以用户在享受云服务时,只需要支付廉价的成本就可以了。

3. 云计算的服务类型

云计算引领了第三次信息技术的浪潮,它的发展势必给人们的日常生活、工作方式、经济运作模式带来前所未有的良性转变。云计算因为用户提供更方便、快捷的服务而生,它有 3 种服务方式,如图 2-2 所示。

基础设施即服务(Infrastructure as a Service,IaaS):用户可以通过网络在基础设施上获得服务,如云存储、数据库等,用户可以无限量地申请基础设施服务,只需要支付一定的费用就可以了。

平台即服务(Platform as a Service,PaaS):用户可以通过网络在软件研发平台上获取服务,如 IT 工作者应用 MapReduce 编程模式开发应用系统,也可以说这是一种 SaaS 服务模式。

软件即服务(Software as a Service,SaaS)：很多研究领域内使用的软件是非常昂贵的，而云计算提供的软件即服务模式让用户无须购买昂贵的软件，只要通过网络租用商家的软件，然后支付一定费用就可以了。

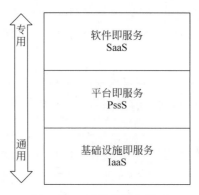

图 2-2　云计算的服务类型

2.2.2　Hadoop

Hadoop 是 Google 云计算的开源实现，其核心是 HDFS(Hadoop Distributed File System)分布式文件系统、MapReduce 编程模式和 HBase 存储数据库。此外，Hadoop 还包含 Hadoop Common、Avro、Chukwa、Hive、Pig、ZooKeeper 等几个子项目，具体结构如图 2-3 所示。

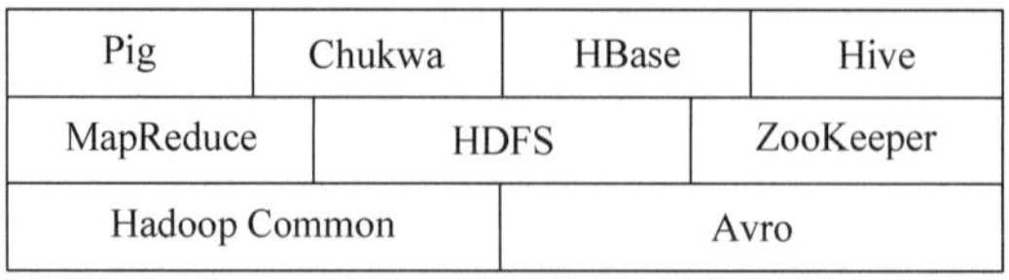

Pig	Chukwa	HBase	Hive
MapReduce	HDFS		ZooKeeper
Hadoop Common		Avro	

图 2-3　Hadoop 的结构

Hadoop Common：是 Hadoop 项目的基础，支撑着其他项目的发展。

Avro：是 Hadoop 的远程过程调用(Remote Procedure Call,RPC)方案，定义了一种支持多种语言的数据格式，并且可以实现二进制序列化存储。

Chukwa：是 Hadoop 的分布式数据采集系统。Chukwa 运行在 HDFS 和 MapReduce 之上，用来分析和收集系统中的数据。

Hive：是 Hadoop 的分布式数据仓库，可以提供数据查询功能。Hive 不能存储数据，要借助 HDFS 存储数据，同时借助 MapReduce 实现计算。Hive 可以将存储在 HDFS 上的数据映射为一张数据表，并提供 HQL 查询语言，HQL 语言是以 SQL 为基础，可以转化为

MapReduce 任务并运行。

Pig：是在 MapReduce 上构建的一种用于用户处理海量数据的脚本语言，在 Pig 的帮助下，MapReduce 编程更容易，它可以将一系列编写好的脚本直接转化为 MapReduce 作业，然后在 Hadoop 上执行。Pig 的安装需要 Java 环境支持。

Zookeeper：为系统提供协调服务，使系统更加高效、稳定。

Hadoop 具备云计算的所有特点，包括经济性、可靠性、高效性和易于扩展等。目前 Hadoop 存在 4 个系列的版本：0.20.X 系列、0.21.0/0.22.X 系列、0.23.X 系列和 2.X 系列，其中，1.X 版本是 0.20.205 版本的重命名。表 2-1 汇总了 Hadoop 各个版本的特性和稳定性。

表 2-1 **Hadoop 各个版本的特性和稳定性**

时间	发布版本	特 性 说 明	是否稳定
2010	0.20.2	经典版本，只包含 MRv1	是
	0.21.0	包含 Append、RAID、Symlink、MRv1 和 NameNode HA 特征	否
2011	0.20.203	包含 Security 和 MRv1 特征，其余的特征不包含	是
	0.20.205（1.0.0）	包含 Append、Symlink 和 MRv1 特征，其余的特征不包含	是
	0.22.0	包含 Append、HDFS Security、RAID、Symlink 和 NameNode HA 特征，但不包含 MapReduce Security	否
2012	1.0.1～1.0.4	包含 Append、Security、MRv1	是
	2.X	除了 MRv1 以外的特征都包含	否
2013	0.23.X-alpha	下一代 Hadoop，包含 HDFS Federation 和 YARN	否
	2.X-alpha（beta）	下一代 Hadoop，增加了 NameNode HA 和 Wire-compatibility 等新特性	否

1. Hadoop 的特征

（1）Append：通过配置 Append 来进行一种追加文件功能，HDFS 不支持文件的随机写入，但是可以进行追加。

（2）RAID：在 HDFS 上构建了新的分布式文件系统（Distributed Raid File System，DRFS），它的 Erasure Codes 增强了对数据的保护，只要较低的副本数就可以带来同样的可用性，达到节省存储空间的目的。

（3）Symlink：保证 HDFS 支持符号链接。

（4）Security：HDFS 和 MapReduce 的安全机制。

（5）MRv1：最早的 MapReduce 实现模式，在容错、扩展等方面存在一定的缺陷。它的编程模型和数据处理引擎一直被 MRv2 沿用，它的运行时环境指 JobTracker 和 TaskTracker 两类服务。

(6) MRv2/YARN：是为了弥补 MRv1 存在的缺陷而出现的，它的运行时环境得到了改善，包括 YARN 和 ApplicationMaster。

(7) NameNode Federation：Hadoop 实现分布式 NameNode 的形式，使 Hadoop 集群具有高度扩展性。

(8) NameNode HA：全称 NameNode High Availability，即高可用性。

由此可见，Hadoop 1.X 之后的版本在功能上更加强大了，但是稳定性稍差。

2. Hadoop 的子项目

1) 分布式文件系统

分布式文件系统 HDFS 是 Hadoop 的核心，主要负责实现大规模数据的存储、管理和计算。HDFS 是一个主从(Master/Slave)结构，如图 2-4 所示，它能够和 MapReduce 编程模式很好地结合起来，适用于大规模数据的并行化处理。HDFS 由一个主节点(NameNode)和多个从节点(DataNode)组成。主节点主要负责文件的命名等操作，如打开、关闭和重命名等；从节点主要负责处理用户的请求命令，如创建、复制和删除等。

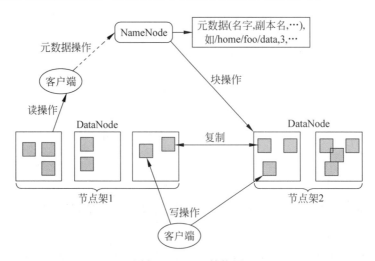

图 2-4　HDFS 结构图

HDFS 可实现冗余和故障恢复机制，同时可实现 NameNode 的心跳检测、DataNode 的数据完整性检测等功能，从而保障数据存储的可靠性。为了进一步提升系统的性能，HDFS 会选择距离程序最近的副本数据，支持负载均衡、客户端缓存、流水线复制等功能，从而减少通信消耗，提高读速度，减小网络速度对输出的影响。

2）MapReduce 编程模型

MapReduce 编程模型是 Google 一种处理海量数据的并行计算架构，由函数 Map（映射）和 Reduce（化简）构成，有函数式和矢量编程语言的特征，非常适用于动态搜索、处理、分析、挖掘半结构化和非结构化的海量数据。表 2-2 是传统的关系型数据库和 MapReduce 的比较。

表 2-2　传统的关系型数据库和 **MapReduce** 的比较

	传统的关系型数据库	MapReduce
数据大小	GB	PB
处理的数据结构程度	结构化数据	非结构化和半结构化
数据存储	交互式和批处理	批处理
更新	多次读/写	一次写入，多次读取
结构	静态模式	动态模式
完整性	高	低
横向扩展	非线性的	线性的

结构化数据（Structured Data）就是可以用二维表格表达的数据，如 XML 文档。半结构化数据（Semi-Structured Data）可能有格式，但不明显，如电子表格，在结构上是由单元格组成的网格，但单元格内的数据格式不受限制。非结构化数据（Unstructured Data）没有特别的内部结构，例如纯文本或图像数据。

MapReduce 是一种线性的可伸缩编程模型，以键值对<key1，value1>形式处理数据，要求被处理的数据可以分为多个小数据集并行处理。数据处理时间随着数据量的加倍而加倍，但是如果并行节点加倍，则数据处理时间不变，这是传统数据库不具备的特点。

（1）基本架构。图 2-5 是 MapReduce 的基本架构，由主节点（NameNode）和从节点（DataNode）构成，JobTracker 通常单独部署在一个 NameNode 上，提供一个 master 服务；TaskTracker 运行在 HDFS 的 DataNode 上，提供多个 slaver 服务。JobTracker 和 TaskTracker 一起实现 Mapper 类和 Reducer 类的调度。首先 master 将总任务分成多个子任务 task，然后上传到 slaver 上运行，并进行实时监控，如果发现 task 故障，立刻重新执行。

（2）编程模型。图 2-6 是 MapReduce 的运行模型。主节点将原始数据集分割成 M 个小数据片段，任何的小数据片段都是由键值对 i 构成，并分发到 M 个从节点上去；调用并运行 Map 函数，输出中间键值对<key2，value2>，并将具有相同 key2 的键值对进行排序等操作，然后生成 R 个小数据片段，此时每个小数据片段由<key2，value2>构成；主节点告知从节点<key2，value2>的位置，从节点调用 Reduce 函数，对<key2，value2>进行处理，得到最终结果<key3，value3>。

在产生了<key2，value2>后，要对其进行 Combine（合并）操作，即将具有相同 key2 的

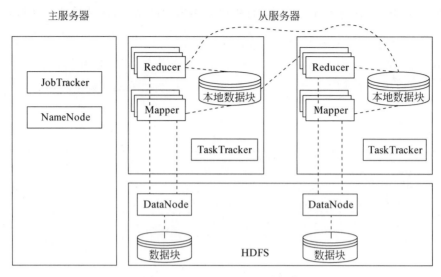

图 2-5　MapReduce 的基本架构

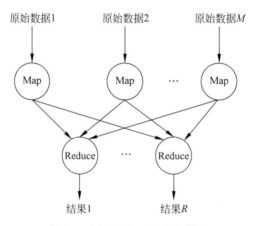

图 2-6　MapReduce 的运行模型

键值对合并到一起,目的是减少 Reduce 过程中消耗的网络流量。在 Combine 操作之后,要进行 Partition(分区)操作,即将< key2,List(value2)>分为 k 个小数据片段,通常用哈希(Hash)函数来划分,如 hash(key2)＝key mod R,该操作是为了简化 Reduce 阶段的过程。

(3) 实现机制。图 2-7 是 MapReduce 的实现流程,具体步骤如下:

- 数据分割。主控节点利用 MapReduce 函数进行编程,将待处理数据集合自动划分成多个小数据片段,并进行程序复制。

- 主控程序 Master 将任务分配给工作机 Worker。Master 选择空闲的工作机 Worker,并将任务分配给它们。

- 每一个 Worker 读取小数据片段,小数据片段是以键值对< key1,value1 >形式存在的,调用编写好的 Map 函数,运行程序并输出中间结果,该结果的表现形式为键值对<key2,value2>,这些键值对被暂时缓冲到内存中。

- 将所有的<key2,value2>存储到 HDFS 中,并调用分区函数,将其分为 R 个数据片段。Master 将中间结果的位置发布给 Reduce Worker。

- Reduce Worker 接收到 Master 的消息,调用远程过程,读取中间结果,并对其进行排序,使具有相同 key 的键值对在一起,得到<key2,List(value2)>。

- Reduce Worker 将经过排序后的<key2,List(value2)>输入指定的 Reduce 函数中,执行后得到最终结果<key3,value3>。

- Map 和 Reduce 结束。MapReduce 返回到程序的调用点。

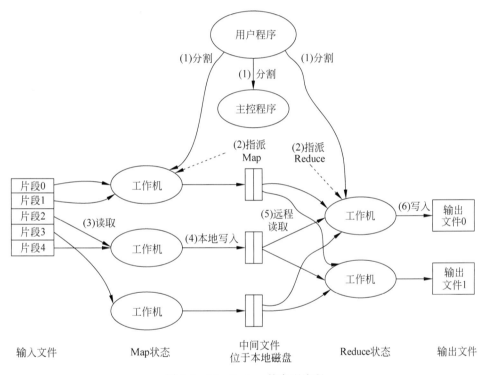

图 2-7　MapReduce 的实现流程

3）分布式数据表 HBase

HBase 是基于列存储的分布式结构化数据表。数据以表的形式进行存储,其中行关键字是识别数据的唯一标志,对数据的每次操作都会对应一个时间戳,列定义唯一指定了数据的列存储,定义为<family>：<label>。数据的物理模型是将数据的逻辑模型以列进行分割并存储。

图 2-8 是 HBase 的体系架构,HBase 服从主从结构,由服务器 HBase Master 和机群

HRegion Server 构成,前者负责管理后者。HBase Master 不存储数据,HRegion Server 存储数据。

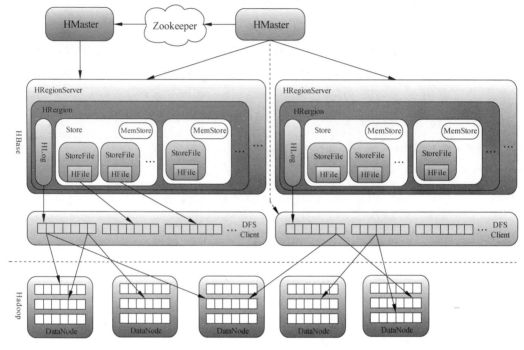

图 2-8　HBase 的体系架构

2.3　智能交通云系统的基本框架

　　智能交通云是云计算和交通信息云服务的完美结合,集交通信息采集、处理、分析和应用为一体,为交通管理部门和出行者提供服务。通过各种通信手段将城市道路交通系统的海量信息,包括路网信息、交通流信息、路况信息、管控信息等,存储到网络上,就构成了交通信息云。云计算具有庞大的存储能力、高效的计算能力、强大的均衡负载能力等,可以无限制地实现海量交通信息的处理、分析、发布和共享,进而为交通管理部门和出行者提供实时、可靠的服务。因此,基于云计算的智能交通系统应该具有以下功能:

　　(1) 集合交通行业的各种资源,包括设备、软件、硬件、数据等。

　　(2) 实现交通高峰期和平峰期海量交通数据的高效处理,并提供实时、动态的交通状态信息和路况信息,全面监测城市路网,实时发布交通信息。

　　(3) 实时满足智能交通系统建设的各种需求,如为智能交通系统扩展开发提供平台、为交通信息服务提供基础信息、为交通指挥提供决策支持、为交通流基础理论研究提供交通仿真模拟、为突发交通事件提供应急方案等。

（4）系统稳定性高。该系统具有容错机制、软硬件冗余机制，保证设备故障条件下的自适应调度、交通突发事件下的数据恢复。

本章设计的智能交通云系统的基本框架如图 2-9 所示。该基本框架包括三层结构，即基础设施层、平台层和应用层。基础设施层，即 IaaS 层，将所有的交通信息资源整合到一起，构成一个庞大的交通数据资源库，同时提供交通数据预处理和存储服务。平台层，即 PaaS 层，在基础设施层的基础上，提供海量数据管理、分布式并行计算、交通软件运行和开发等服务。应用层，即 SaaS 层，提供智能交通系统中包含的所有子系统的所有服务。用户无须购买和安装昂贵、复杂的交通软件，如交通仿真软件、交通规划软件等，只需要按照使用功能和使用时间支付一定费用就可以。

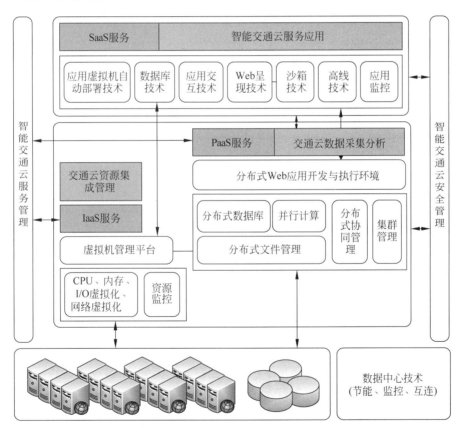

图 2-9　智能交通云系统的基本框架

智能交通云系统的服务对象有交通管理部门、出行者、交通相关企业单位。因此，未来的智能交通云服务应该具有混合云的特点。对交通管理部门提供保密性高、计算能力快、弹性强的云服务；对交通相关企业单位和出行者提供信息共享、出行引导等服务。

2.4 云计算在智能交通系统中的应用实例

本书的重点研究内容是云计算在智能交通系统中的应用研究,主要集中在智能交通云系统的基础设备层(IaaS层)和平台层(PaaS层)上完成,包括基础交通信息的存储、处理和分析等内容,具体涉及交通状态判别、短时交通流预测、交通控制与诱导优化模型求解等相关工作。IaaS层主要为用户提供服务,如用户管理、信息查询、信息共享、数据分析、数据统计等服务。

2.4.1 云计算在交通流数据采集与处理中的应用

对多种交通信息采集技术采集到的多源交通信息进行融合,并运用统计学、数据挖掘等技术,对交通信息进行处理,然后实现交通仿真分析,可以预测未来交通状态发展趋势,评价交通组织方案。

2.4.2 云计算在交通控制服务中的应用

将智能交通云系统处理和分析后的交通信息发给交通管理中心,然后制定有效的交通控制方案,并通过无线通信的方式反馈给前端设备,实现城市道路交通的自适应智能控制。

2.4.3 云计算在交通诱导服务中的应用

云计算强大的计算能力是实现路网流量均衡分配的基础。利用已获取的基础交通流信息,结合地图匹配方法、最短路径优化算法和云计算的超强计算能力,实现大规模路网动态、实时诱导和停车诱导,缓解道路交通拥堵。

2.4.4 云计算在交通指挥和调度中的应用

以上述服务为基础,实现交通预警系统与应急模式的无缝对接,将交通状况信息、相关交通管理与协调部门信息动态地展现在指挥与调度平台上。在恶劣天气、突发事件条件下,指挥人员可以有效地实施点、线、面的精确指挥,从而实现智能化调度。

智能交通系统云架构的 PaaS 层架构如图 2-10 所示。

云计算作为一种商业计算模式,正在推进交通信息服务化产业的发展,对于提升城市多源交通信息处理与分析效率、缓解城市道路交通拥堵、提高居民生活质量具有重要的意义。

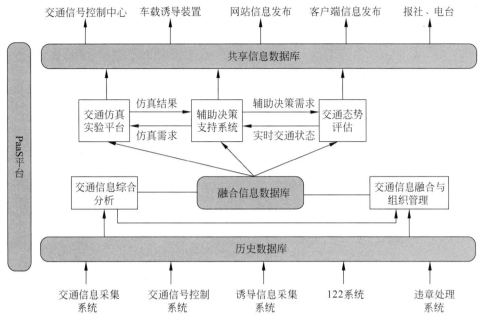

图 2-10 智能交通系统云架构的 PaaS 层架构

第3章 云计算在交通信息处理中的应用

本章要点

由于交通瓶颈识别问题是一类模糊数学问题,本章提出了一种基于云计算的并行编程模式 MapReduce 和 K-means 聚类算法的交通瓶颈识别方法。首先对 K-means 聚类算法进行了原理分析,发现其存在的缺陷,然后利用云计算的 MapReduce 并行编程模式对其进行并行化处理,弥补了其缺陷,并将该算法应用到固定交通瓶颈和动态交通瓶颈识别中;最后以长春市区域路网和仿真路网为研究对象,对所提出的方法进行了验证。

与以往交通瓶颈识别的相关研究成果相比,所提出的基于 MapReduce 和 K-means 聚类算法的交通瓶颈识别方法提高了运行效率,更好地满足了大规模路网交通瓶颈识别的需求,更好地满足了交通瓶颈控制与诱导的实时性需求。

本章通过分析模糊 C 均值(Fuzzy C-Means,FCM)算法的初始聚类中心、聚类个数、加权指数等参数以及算法的并行性,对 FCM 算法进行了改进,提出了一种基于 MapReduce 的 FCM 并行算法,弥补了 FCM 算法在解决区域路网交通状态判别时存在的困难。通过实验发现,与串行 FCM 算法相比,所提出的基于 MapReduce 和 FCM 的区域交通状态判别方法具有高效性、可行性和可扩展性,更好地满足了城市路网区域交通状态判别的需求。

本章提出基于 MapReduce 的并行 GA-SVM 交通流预测模型,与以往的短时交通流预测模型相比,一方面充分考虑交通流时空相关性,提高了短时交通流预测精度;另一方面对 GA-SVM 进行了改进,用 MapReduce 编程模式进行了并行化处理,减少了算法的运行时间。

通过提出的短时交通流模型对未来时段的动态交通瓶颈识别指标进行预测,将预测结果输入到动态交通瓶颈识别算法中,判别未来时段的交通状态,即预测未来时段的动态交通瓶颈。

交通数据有以下特点:

(1) 数据量大。交通服务要提供全面的路况,需要组成多维、立体的交通综合监测网络,实现对城市道路交通状况、交通流信息、交通违法行为等的全面监测,特别是在交通高峰期需要采集、处理及分析大量实时监测的数据。

(2) 应用负载波动大。随着城市机动车水平不断提高,城市道路交通状况日趋复杂化,交通流特性呈现随时间变化大、区域关联性强的特点,需要根据实时的交通流数据及时全面采集、处理、分析等。

(3) 信息实时处理要求性高。市民对公众出行服务的主要需求之一就是对交通信息发布的时效性要求高,需将准确的信息及时提供给不同需求的主体。

(4) 数据共享需求。交通行业信息资源的全面整合与共享,是智能交通系统高效运行的基本前提,智能交通相关子系统的信息处理、决策分析和信息服务是建立在全面、准确、及时的信息资源基础之上。

(5) 高可用性、高稳定性要求。需面向政府、社会和公众提供交通服务,为出行者提供安全、畅通、高品质的行程服务,对智能交通手段的充分利用,以保障交通运输的高安全、高时效和高准确性,势必要求 ITS 应用系统需具有高可用性和高稳定性。

如果交通数据系统采用烟筒式系统建设方式,将产生建设成本较高、建设周期较长、IT管理效率较低、管理员工作量繁重等问题。随着 ITS 应用的发展,服务器规模日益庞大,将带来高能耗、数据中心空间紧张;服务器利用率低或利用率不均衡,造成资源浪费;IT 基础架构对业务需求反应不灵敏,不能有效地调配系统资源适应业务需求等问题。

"云计算"具有分布式、超大规模、虚拟化、高可靠性、通用性、高可扩展性、按需服务、极其低廉等特点,是一种新兴的商业计算模型,将计算任务分布在其可用的网络计算资源上,使各种应用系统能够根据需要来获取计算力、存储空间和各种软件服务。

云计算通过虚拟化等技术,整合服务器、存储、网络等硬件资源,优化系统资源配置比例,实现应用的灵活性,同时提升资源利用率,降低总能耗和运维成本。因此,在交通信息处理系统中引入云计算,形成交通云,将有助于整个智能交通系统的实施。

交通云应该是一个整合的、先进的、安全的、自动化的、易扩展的、服务于交通行业的开放性平台。具体体现在:整合现有资源,并能够针对未来的交通行业发展扩展整合将来所需的各种硬件、软件、数据;动态满足 ITS 中各应用系统,针对交通行业的需求——基础设施建设、交通信息发布、交通企业增值服务、交通指挥提供决策支持及交通仿真模拟等,交通云要能够全面提供开发系统资源平台需求,能够快速满足突发系统需求;提供极具弹性的扩展能力需求,以满足将来不断增大的交通应用需求。

交通云作为行业云,它的发展轨迹应是在技术上从易到难、业务上从边缘逐渐到核心的一个发展过程,交通云的远景是 IaaS、PaaS 及 SaaS 的应用都具备。针对智能交通的目前发展状况及云计算平台的成熟应用程度,还是以数据中心的云存储化开始,逐渐向外扩展应用服务。交通云应该是对交通管理单位、交通运营企业和广大的市民服务的,所以,未来的交通云应该具有混合云的特点。对保密性安全要求高、处理速度快、弹性发展力度强的对内应用(交通管理单位),可以用私有云的模式实现。而对外的信息发布(大众出行、物流企业、交通信息服务企业等)、出行指导等对外应用可以用公共云的模式实现。

本章主要将云计算技术的 MapReduce 并行编程模型引入智能交通系统的交通信息处理子系统中的交通状态判别模块和交通参数预测模块。由于数据量的限制,本章研究内容并没有像上述的那样形成交通云,但是云计算技术的 MapReduce 并行编程模型的引入,已经给交通信息处理带来了高效性和可行性,可以推进云计算在智能交通系统中的发展。

3.1 交通状态判别

城市道路交通系统受大量随机因素的影响,例如道路环境变化的不确定性、流量变化的实时性、天气变化的无常性等,导致交通状态具有模糊性,因此交通状态判别问题是一种模糊数学问题,处理这类问题的方法主要有粗糙集、模糊推理、聚类分析等方法。目前,交通领域的专家学者在运用这些方法进行交通状态判别时,都采用单机式串行计算完成,也普遍是对单个路口或者路段实现的。在路网规模很大的情况下,单机式的处理模式运行效率很低,无法满足用户对交通状态判别的实时性需求。本章以已有研究成果为基础,介绍基于 MapReduce-K 均值聚类的交通瓶颈识别方法、基于 MapReduce-FCM 的区域交通状态识别方法,解决了 K 均值聚类算法、模糊 C 均值聚类算法在交通状态判别过程中效率低的问题。

3.1.1 基于 MR 的 *K*-means 算法在交通瓶颈识别中的应用实例

1. *K* 均值聚类原理

聚类分析是一种数学方法,是将分类思想与数学方法完美结合起来的产物。聚类分析是把具有某种相似性的个体聚为一类。在每个类的内部,个体之间具有高度的相似性;在类与类之间的个体相似程度较低。聚类分析的方法是为了使人们更好地分析和了解事物的特征。

K 均值聚类(K-means)是聚类分析方法中最经典的一种,因为其算法简单,易于实现,所以受到各个研究领域专家的青睐。Shekhar R. Gaddam 等提出了一种基于决策树的改进 K-means 算法,算法在一定程度上提高了抗噪性,但是算法的复杂度较高。Carlos Ordonez 提出了一种基于 K-means 的数据库索引算法。Michael Laszlo 和 Sumitra Mukherjee 采用遗传算法对 K 均值聚类算法进行了优化,使得两种算法优势互补,取得了很好的效果。Jing Liping 等提出了一种基于熵的 K-means 算法,改进了算法处理高维度数据的性能,但运行时间较长。针对初始聚类中心对算法运行效率的影响,Mark Junjie Li 等提出了一种基于模糊理论的 K-means 算法。赵卫中等提出了一种基于云计算的 K 均值聚类算法,并验证了该算法的优势。

K-means 算法中的 K 是需要划分成类的数目,算法的基本思想:已知包含 N 个数据的集合,首先确定 K 个聚类中心数据,然后计算非聚类中心数据到聚类中心数据的距离,距离最近的数据聚为一类;进一步计算每一个聚类的中心数据,使每一类的内部数据相似性越来越强,类与类之间数据的相异性越来越大;最后将聚类结果输出。

通常选择欧氏距离 d_{ij} 为聚类标准,衡量数据之间的相似性,表达式为

$$d_{ij} = \parallel x_j - z_i \parallel \tag{3-1}$$

式中,x_j 为样本点到聚类 C_i 中心 z_i 的距离,z_i 为类 C_i 内部所有数据的均值。

聚类效果的评价函数为

$$J = \sum_{i=1}^{k} \sum_{j=1}^{n} w_{ij} d_{ij}^2 \tag{3-2}$$

式中,k 为聚类数目;n 为数据总数目;$w_{ij} = 0$ 或 1,$w_{ij} = 0$ 表示样本不属于类 C_i,$w_{ij} = 1$ 表示样本属于聚类 C_i。

已知一个数据集合 $\{x_1, x_2, \cdots, x_n\}$,确定它的聚类数目为 k,则 K 均值聚类算法的实现步骤如下,执行流程如图 3-1 所示。

(1)初始化,并随机产生 k 个聚类中心数据 z_j。

(2)计算非聚类中心数据 x_i 到 k 个聚类中心数据 z_j 的距离 $D(x_i, z_j)$,若 $D(x_i, z_j) = \min\{D(x_i, z_j), i = 1, 2, \cdots, n; j = 1, 2, \cdots, k\}$,则 x_i 被划分到中心数据 z_j 的类中。

(3)将 n 个非聚类中心数据划分到 k 个聚类以后,进一步计算 k 个聚类的中心数据,公式为

$$C_j^* = \frac{1}{n_j} \sum_{\chi_m \in C_j} \chi_m \tag{3-3}$$

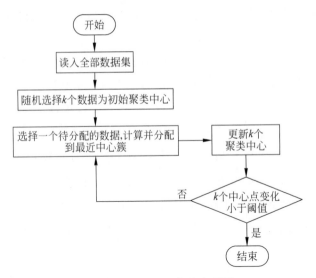

图 3-1 K-means 算法流程图

式中，n_j 为聚类 C_j 内部数据的个数。

（4）若 $C_j^* = C_j$，则不需要更新聚类结果，将原结果直接输出；若 $C_j^* \neq C_j$，则令 C_j^* 为新的 C_j，重复步骤（2）～（4），直到 $C_j^* = C_j$ 或达到最大迭代次数，算法结束。

2. K-means 算法存在的问题

K-means 算法的整个运行过程包括两个阶段：第一个阶段是计算非聚类中心数据到聚类中心数据的距离；第二个阶段是不断地生成新的聚类中心。从 K-means 算法运行的过程看，它存在以下几个问题：

（1）关于 K 的取值，往往难以确定。对于很多数据集，经常是难以确定它的分类数目的。针对这一问题，同时结合交通瓶颈识别的具体实际情况，在 K 的取值上更好地满足用户需求。

（2）K-means 算法的初始聚类中心 z_0 是自己设定的，并根据 z_0 不断进行调整以得到新的中心数据 z_j，因此 z_0 的设定直接影响到算法的运行结果以及运行时间。针对这一问题，引入平均值的思想来降低数据噪声带来的影响，把随机的初始聚类中心确定化。

（3）K-means 算法在执行过程中，要不断计算聚类中心数据 z_j，并不断分配数据。当数据规模非常庞大的情况下，串行的 K-means 算法的运行时间会不断增加，有时无法满足用户的需求。针对这一问题，研究一种基于 MapReduce 的并行 K-means 算法，从而满足不断增长的用户需求。

3. 基于 MR 优化 K-means 算法

在大数据时代,国内外有关并行 K-means 算法的研究成果有很多。Manasi N. Joshi、田金兰、陶冶、彭厚文等均基于 MPI 并行编程模式实现了并行 K-means 算法,然而 MPI 并行编程模式的抽象度不高,编程不易实现,而且常常出现通信瓶颈的问题。云计算具有高效处理、均衡负载、安全可靠等优点,因此基于云计算的并行 K-means 算法成为研究的热点。温程、潘吴斌、江小平等均研究了基于 MapReduce 的并行 K-means 算法,并将其应用到图像聚类分析、气象数据挖掘、移动用户数据分析等领域,研究成果并未应用到智能交通系统研究领域。基于 MapReduce 的并行 K-means 算法,并将其应用到交通瓶颈识别中,为制定交通瓶颈控制与诱导策略奠定基础,为云计算在交通领域的发展提供方向。

根据 K-means 算法的实现流程,不难发现,计算非聚类中心数据到聚类中心数据的距离是一个独立的过程。同时,生成新的聚类中心的过程也是独立的,因此这两个阶段可以并行化处理。图 3-2 是并行 K-means 算法进行数据处理的示意图。

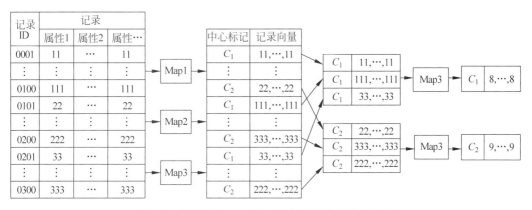

图 3-2　并行 K-means 算法进行数据处理的示意图

综合上述分析,设计了基于 MapReduce 的并行 K-means 算法,实现流程图如图 3-3 所示,具体步骤如下:

(1)定义键值对。定义初始< key1,value1 >为<路段编号,记录属性向量>。

(2)数据分割。将事先存放在本地 HDFS 上的数据集合分成 M 个小数据集,并分配到 M 台机器上去。

(3)产生初始聚类中心。K 个初聚类中心数据的产生由主节点采用平均值方法来完成,并分配到 M 台机器上去。

(4)Map 操作。调用 Map 函数求得其他数据到中心数据的距离,并输出距离最小的数据,此时中间结果的键值对为<聚类类别,记录属性向量>,并保存到本地磁盘。该阶段的部

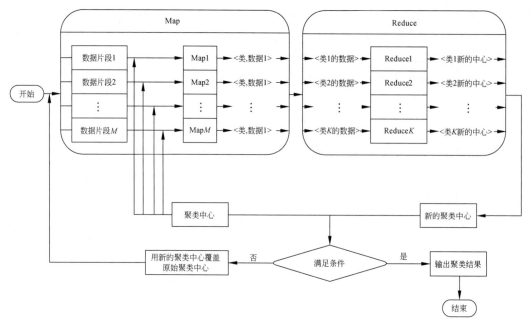

图 3-3　基于 MapReduce 的并行 K-means 算法实现流程图

分伪代码如下：

```
public void map(LongWritable key, Text value, Context context) throws IOException, InterruptedException
{
    String[] values = value.toString().split("\t");
    //String[] values = value.toString().split("\\s+");
    if(values.length!= dimention_n){
    context.getCounter(Counter.Fansy_Miss_Records).increment(1);
    return;
    }
    double[] temp_double = new double[values.length];
}
```

（5）Combine 操作。这一步骤主要是为了降低网络的通信成本。将具有相同 key 的键值对合并，这样路段属性相近的数据就形成一个团簇，一共有 K 个团簇，并暂时保存到本地磁盘中。

（6）Reduce 操作。从 K 个节点读取中间结果，并分别调用 Reduce 函数计算 K 个团簇的聚类中心数据。

（7）以新的聚类中心数据更新初始聚类中心数据，重新执行步骤（4）～（6），并对比两次计算得到的聚类中心是否满足终止条件，如果满足，则输出最终结果；如果不满足，则反复执行步骤（4）～（6），直到不再产生新的聚类中心或者满足终止条件为止。

由基于 MapReduce 的并行 K-means 算法实现流程图可以看出，主节点首先将待处理的数据集存储在 HDFS 中，然后 Map 阶段开始对数据集进行分块处理，这样使原本一个庞大的数据集分成了多个小块，假设分成 M 小块，则并行 K-means 算法的时间复杂度 P 为

$$P = n \times k \times t \times \frac{O}{M} \tag{3-4}$$

式中，n 为数据集中包含的数据个数；k 为聚类数目；t 为算法需要迭代的次数；O 为每次迭代时计算非中心数据到聚类中心的距离的时间复杂度。

4. 交通瓶颈识别指标的选取

1）固定交通瓶颈识别指标选取

固定交通瓶颈是由交通设施、交通管控等固定因素影响而形成的，选取的识别指标要具有代表性，也要具有易得性，因此确定道路通行能力匹配度、交通设施影响系数、路段拥堵上溢率、饱和度均值为识别指标。建立的固定交通瓶颈识别指标体系如图 3-4 所示。

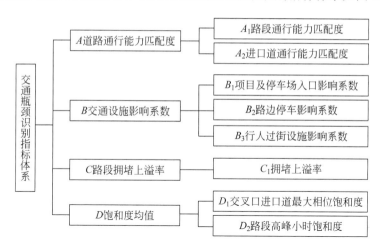

图 3-4　固定交通瓶颈识别指标体系

（1）道路通行能力匹配度。道路通行能力匹配度是指路段与上游路段通行能力的匹配程度，以及路段与上游交叉口的匹配程度，是衡量由车道数目减少、交叉口类型不对、路段宽度不协调等引起固定交通瓶颈的指标。当值较小时，说明匹配度较高；当值较大时，说明匹配度较低。其表达式为

$$A = \min\{A_{i1}, A_{i2}\} \tag{3-5}$$

式中，A_{i1} 为路段道路通行能力匹配度；A_{i2} 为进口道道路通行能力匹配度。

$$A_{i1} = \min\{P_i = N_i / N_j\}, \quad j = 1, 2, \cdots, n \tag{3-6}$$

式中，N_i 为路段 i 的道路通行能力；N_j 为路段 i 的上游路段 j 的道路通行能力。

$$N = N_0 \cdot \gamma \cdot \eta \cdot \theta \cdot \rho \tag{3-7}$$

式中，N 为道路通行能力(辆/h)；N_0 为一车道理论通行能力(辆/h)；γ 为非机动车修正系数；η 为车道宽度修正系数；θ 为车道数修正系数；ρ 为交叉口影响系数。

$$A_{i2} = C_{is} / N_s \tag{3-8}$$

式中，C_{is} 为交叉口入口道通行能力，即各个入口道通行能力之和；N_s 为交叉口上游路段的道路通行能力。

(2) 交通设施影响系数。交通设施包括很多要素，如桥梁、公交车站、停车场等，综合分析各种要素对路段的影响，选择影响最大的几个要素进行分析。

① 项目出入口及停车场出入口影响系数。项目出入口和停车场出入口的设置对与其相连接路段的交通流会产生影响，出入口地理位置不同、出入口设计方式不同、出入车辆车型不同对交通流会产生不同的影响。在实际的交通瓶颈识别过程中，确定对交通瓶颈影响最严重的出入口为影响对象。车辆的实际运行受多种因素影响，本书定义其到达遵循Poisson 分布，则出入口通行能力计算表达式为

$$C_i = \frac{Q_i \mathrm{e}^{-q_i}}{1 - \mathrm{e}^{-\alpha\beta}} \tag{3-9}$$

式中，Q_i 为与交叉口相连接路段 i 的双向交通量(辆/h)；q_i 为路段 i 的车辆平均到达率，即 $Q_i/3600$(辆/s)；α 为出入口驶出车辆能顺利汇入或者穿过路段 i 上车流的最小车头时距；β 为出入口驶出车辆能连续汇入路段 i 上车流的车头时距，通常取 5s。

项目出入口及停车场出入口影响系数表达式为

$$B = \frac{k}{C_i} \tag{3-10}$$

式中，k 为高峰小时出入口平均驶出车辆数。

② 路边停车影响系数。在路边停车，不但影响相应路段上车辆的运行，也会导致路段上可供车辆运行的空间变小。设路边停车影响系数为 B_2，其表达式为

$$B_2 = f(r_1, r_2, r_3) \tag{3-11}$$

式中，r_1 为侧向净空影响系数，其取值依据 HCM2010；r_2 为车道路段影响系数，其取值依据《道路通行能力手册》；r_3 为车辆驶入驶出率。

车辆的驶入/驶出过程中，道路上的交通流会发生暂时的阻滞，运行时间上出现延迟，设路边停车过程中，驶入/驶出给交通流造成的平均阻滞时间分别为 $\overline{T}_0$ 和 $\overline{T}_1$(单位 s)，则其表达式为

$$r_3 = \frac{\alpha_0 \overline{T}_0 + \alpha_1 \overline{T}_1}{3600} \tag{3-12}$$

式中,α_0 为车辆驶入高峰阶段的平均驶入次数(次/h);α_1 为车辆驶出高峰阶段的平均驶出次数(次/h)。

③ 行人过街影响系数。行人过街方式有 3 种:立体式行人过街,即有过街天桥的过街方式;无信号控制式行人过街,即行人在车辆行驶过程中的间隙通过街道;信号控制式行人过街,即行人受到红绿灯控制,只有绿灯情况下才可以通过街道。立体式行人过街对道路交通流无影响,分析后面两种行人过街方式。

- 无信号控制式行人过街。在火车站、学校、商场等公共场所附近的路段,非常容易形成交通瓶颈,因为在实际道路情况下,尤其是"中国式"行人过街方式,已经不存在主路车流优先。设无信号控制式行人过街影响系数为 B_3,则其表达式为

$$B_3 = Q_r/M = Q_r/NT \tag{3-13}$$

式中,Q_r 为行人过街的交通流(辆/h);M 为每小时可通过行人人数;N 为小时通行能力(辆/h);T 为可通过车头时距累积值(h)。

- 信号控制式行人过街。根据交叉口对道路通行能力的影响分析方法,可以得到有信号控制式行人过街的影响系数为

$$B_3 = \begin{cases} C_0, & S < 200\text{m} \\ C_0(0.0013S + 0.73), & S \geqslant 200\text{m} \end{cases} \tag{3-14}$$

式中,S 为行人过街设施间隔(m);C_0 为信号交叉口绿信比,若计算得到 $C_0>1$,取 $C_0=1$。

(3) 路段拥堵上溢率。路段拥堵上溢是指随着路段上车辆的不断增加,车辆排队蔓延到上游交叉口的现象。在早晚高峰小时,某路段发生拥堵上溢的概率称为拥堵上溢率,即

$$B^2 = n/m \tag{3-15}$$

式中,n 为发生拥堵上溢的天数;m 为统计天数。

(4) 饱和度均值。饱和度是指道路实际流量与通行能力之比。饱和度值越大,说明路段上的交通负荷越大,越容易形成交通瓶颈。饱和度均值表达式为

$$C = \max\{\bar{c}_{i1}, \bar{c}_{i2}\} \tag{3-16}$$

式中,$\bar{c}_{i1}$ 为高峰小时交叉口入口道饱和度均值;$\bar{c}_{i2}$ 为高峰小时路段饱和度均值。

$$\bar{c}_{i1} = \max\{x_1, x_2, \cdots, x_n\} \tag{3-17}$$

式中,x_n 为交叉口入口道相位饱和度;n 为相位总数。

$$x_i = \frac{q_i}{Q_i} = \frac{q_i}{S_i(g_i/N_i)} = \frac{q_i N_i}{S_i g_i} = \frac{y_i}{u_i} \tag{3-18}$$

式中,q_i 为一个相位的饱和度;Q_i 为通行能力;y_i 为流量比;u_i 为绿信比。

2) 动态交通瓶颈识别指标选取

动态交通瓶颈一般发生在早晚高峰期,随着路段上车辆的不断积累,某一时刻超过路段容量,就会造成车辆排队,当车辆排队长度超过路段长度,排队溢出,就形成了动态交通瓶颈,如果不能及时有效地进行控制,交通拥堵就会迅速传播,导致大范围交通拥堵。为了有效阻止路段上发生交通拥堵蔓延,避免造成区域交通拥堵,识别动态瓶颈路段是首先要解决的问题。

以往用于动态瓶颈路段识别的方法主要是分析路段的排队长度模型,给出路段的交通拥堵程度,进而找到瓶颈路段。然而,这种方法存在一些缺陷:①排队长度的起终点是动态变化的,计算标准无法确定;②城市道路存在大量的支路,不一定每条路段都满足车辆数守恒的条件。根据动态交通参数的变化特征和动态交通瓶颈形成的影响因素,以及各种交通参数的直观性、可获取性和敏感性特点,确定以下 4 个指标。

(1) 平均行程车速。平均行程车速反映了路段的交通流运行状态,当其值较小时,表明路段发生了交通拥堵,如果不能得到及时的疏导,长时间的交通拥堵会形成交通瓶颈。平均行程车速的表达式为

$$\vartheta_i(t) = L_i / T_i(t) \tag{3-19}$$

式中,L_i 为路段长度;$T_i(t)$ 为路段形成时间。

(2) 路段饱和度。路段饱和度反映了路段的交通负荷水平,当其值较高时,表明该路段的实际车流量接近或超过路段通行能力,此时,路段上会发生车辆排队。车辆排队发生蔓延,就会形成交通瓶颈。路段饱和度的表达式为

$$S = V / C \tag{3-20}$$

式中,V 为路段的实际流量;C 为路段通行能力。

(3) 时间占有率。占有率分为时间占有率和空间占有率。空间占有率反映了路段上的交通流密度,一般比较难获取,因此不作为识别指标。选择时间占有率为识别指标,具体表达式为

$$\text{occupy} = \sum \Delta t_i / T_i(t) \tag{3-21}$$

式中,Δt_i 为第 i 辆车通过检测器需要的时间(s);$T_i(t)$ 为检测器检测总时间(s)。

(4) 排队长度比。排队长度比反映了排队车辆溢出该路段的可能性。由于受到信号配时、路段支路等影响,排队长度只能是一个估计值。排队长度比的表达式为

$$Q' = Q / L \tag{3-22}$$

式中,Q 为检测时间内的平均排队长度(m);L 为路段长度(m)。

5. 实例分析

所提出的方法均是在云计算的 Hadoop 架构上实现的,因此首先要基于 Hadoop 搭建

并行计算集群,为实现本章中基于并行 K 均值聚类的固定交通瓶颈识别方法、基于并行 K 均值聚类的动态交通瓶颈识别方法和基于并行模糊 C 均值的区域交通状态判别方法做准备。

1) Hadoop 实验平台搭建

选择 8 台计算机搭建 Hadoop 实验平台,其中 1 台既作为主节点也作为从节点,其余 7 台只作为从节点。所选择的 8 台计算机配置都是双核 CPU,主频为 2.60Hz,内存为 4GB,同时配置千兆位的以太网以保证实验平台中并行节点之间互联畅通。各节点的配置情况如表 3-1 所示。

表 3-1　各节点的配置情况

节点编号	节点名称	IP 地址	配 置 软 件	说　　明
01	NameNode	192.168.0.2	JDK、SSH、Hadoop Eclipse 3.6.2	主节点,也是从节点 1
02	DataNode01	192.168.0.3	JDK、SSH、Hadoop	从节点 2
03	DataNode02	192.168.0.4	JDK、SSH、Hadoop	从节点 3
04	DataNode03	192.168.0.6	JDK、SSH、Hadoop	从节点 4
05	DataNode04	192.168.0.7	JDK、SSH、Hadoop	从节点 5
06	DataNode05	192.168.0.8	JDK、SSH、Hadoop	从节点 6
07	DataNode06	192.168.0.9	JDK、SSH、Hadoop	从节点 7
08	DataNode07	192.168.0.11	JDK、SSH、Hadoop	从节点 8

在 Windows 环境下安装和部署 Hadoop,首先要安装 JDK,在 Oracle 官网下载 jdk1.8.0_25 并进行安装;然后下载 Cygwin 压缩包并进行安装;最后下载 Hadoop1.2.1 压缩包,并用 Cygwin 进行解压后再安装相关子项目,如图 3-5 所示。

图 3-5　Hadoop 的安装

当安装好 Hadoop 之后,配置基于 Eclipse 的 Hadoop 开发环境,需要配置 MapReduce Locations 和 Hadoop Location,并进行相关的数据测试,如图 3-6 所示。Eclipse 是 Hadoop 编程必须安装的插件,通过这个插件可以自动导入 Hadoop 编程接口的 JAR 文件,使 Hadoop 程序的编写、调试和运行都在 Eclipse 界面中进行。

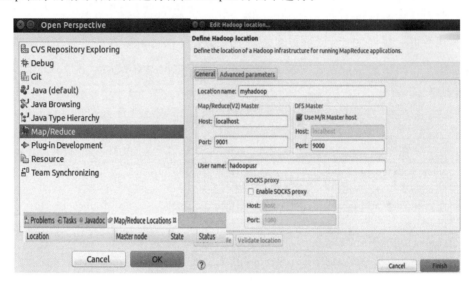

图 3-6　配置 MapReduce Locations 和 Hadoop Location

图 3-7 是一个简单例子的运行结果,当出现这个界面时,可以双击打开 part-r-00000 查看运行结果。至此,Hadoop 开发环境搭建成功。

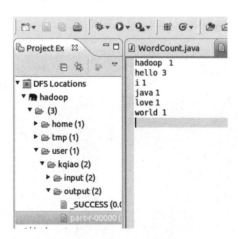

图 3-7　Hadoop 环境测试

2) MR-Kmeans 算法在固定交通瓶颈识别中的应用实例分析

(1) 数据来源。以长春市区域路网为研究对象验证所提出基于并行 K 均值聚类的固定交通瓶颈识别方法的有效性。区域路网东起金川街-萧山街,西至亚泰大街,南到卫星路,北到南湖大路,整个区域包含 14 个交叉口,20 条路段,如图 3-8 所示。

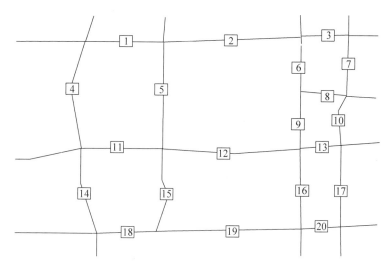

图 3-8　某市区域路网图

通过实际调查得到区域路网的基本信息,如表 3-2 所示。对于交叉口的调查方法采用摄像法,每个交叉口由 1 人负责,通过数据统计完成交叉口基本信息的获取。对于路段的调查方法也采用摄影法,选取合适的路段断面进行摄像,通过统计来完成路段基本信息的获取。

表 3-2　区域路网基本信息表

数 据 信 息	路段 1	路段 2	路段 3	路段 4	路段 5	路段 6	路段 7
路段长度/km	0.74	1.3	0.46	1.2	1.1	0.59	0.62
通行能力 pcu/h	5440	5440	5440	6800	3060	4335	1445
出入口支路数	2	5	1	3	1	3	2
交叉口入口道通行能力	2860	1800	2600	2800	1320	1200	680
交叉口入口道饱和度	0.95	0.86	0.90	0.93	0.76	0.84	0.48
上游路段通行能力	5440	5440	5440	6800	3060	4335	1445
路段饱和度	0.92	0.84	0.89	0.94	0.72	0.82	0.45
数 据 信 息	路段 8	路段 9	路段 10	路段 11	路段 12	路段 13	路段 14
路段长度/km	0.45	0.58	0.58	0.79	1.4	0.38	0.92
通行能力 pcu/h	3060	3060	1445	3060	4335	4335	6800
出入口支路数	3	3	2	2	2	2	1
交叉口入口道通行能力	860	1460	650	1820	1600	1720	2800
交叉口入口道饱和度	0.46	0.88	0.38	0.88	0.89	0.79	0.68
上游路段通行能力	3060	3060	1445	3060	4335	4335	6800
路段饱和度	0.45	0.89	0.35	0.82	0.88	0.78	0.56

数 据 信 息	路段 15	路段 16	路段 17	路段 18	路段 19	路段 20
路段长度/km	0.58	0.85	0.85	0.91	1.4	0.38
通行能力 pcu/h	3060	4335	1445	5440	5440	5440
出入口支路数	2	2	3	0	3	1
交叉口入口道通行能力	1200	1280	860	3200	3200	3100
交叉口入口道饱和度	0.46	0.78	0.32	0.95	0.96	0.95
上游路段通行能力	3060	4335	1445	5440	5440	5440
路段饱和度	0.44	0.75	0.35	0.96	0.98	0.96

（2）评价指标阈值表确定。确定 K-means 算法的聚类数目 $k=3$，即将路段属性分为正常路段、拥堵路段、瓶颈路段 3 类，根据相关文件和专家经验确定固定交通瓶颈评价指标的阈值表。对交通研究领域的 30 位专家进行调查，并阅读相关文件，确定固定交通瓶颈评价指标的阈值表，如表 3-3 所示。

表 3-3　评价指标的阈值表

评 价 指 标	正 常 路 段	拥 堵 路 段	瓶 颈 路 段
通行能力匹配度	>1.2	0.6~1.2	≤0.6
交通设施影响系数	<0.4	0.4~0.8	≥0.8
拥堵上溢率	<0.1	0.1~0.4	≥0.4
饱和度均值	<0.8	0.8~0.95	≥0.95

① 通行能力匹配度。通行能力匹配度表示了路段与路段、路段与交叉口之间的通行能力差距程度。当该值较大时，说明匹配度较高；当该值较小时，说明匹配度较低。通过综合分析，当该值大于 1.2 时，路段较为正常；当该值低于 0.6 时，路段频繁发生拥堵，并影响上游路段。

② 交通设施影响系数。交通设施影响系数的取值为 0~1，当值较小时，表明对路段交通影响较小；当该值较大时，表明对路段交通影响较大。经过专家分析，当该值大于 0.8 时，路段的交通流受到影响较大，并会发生交通拥堵蔓延；当该值小于 0.4 时，路段交通流影响不大，可以正常运行。

③ 拥堵上溢率。拥堵上溢率是指随着路段上车辆的不断增加，车辆排队蔓延到上游交叉口的概率。根据专家经验，当该值大于 0.4 时，路段发生拥堵蔓延的现象加剧；当该值小于 0.1 时，路段的交通流影响不大，可以正常运行。

④ 饱和度均值。根据《城市交通管理指南》，不同饱和度对应的划分标准如表 3-4 所示。当饱和度小于 0.6 时，道路运行水平比较好，较为畅通；当饱和度达到 0.95 时，路段的交通状况已经恶化；当饱和度小于 0.8 时，交通状况较好。

表 3-4　城市道路不同饱和度对应的划分标准

服务等级	一级	二级	三级	四级
饱和度	<0.6	$[0.6,0.75)$	$[0.75,0.9]$	>0.9

（3）固定交通瓶颈识别方法实现。因为定义了 3 种路段属性,所以有 3 个聚类中心,首先设置初始聚类中心,并通过反复求解其他数据到中心数据的距离,将所有数据聚成 3 类,即路段的 3 种属性;然后将 20 组识别指标数据输入程序中,判断路段的属性。为了验证所提出的基于 MapReduce 并行 K-means 算法的有效性,分别设计了并行 K-means 算法和串行 K-means 算法的编程程序,对比它们的性能。Hadoop 实验平台的并行节点数为 8,即由 8 台计算机构成固定交通瓶颈识别方法的实验平台,分别取并行节点数为 1、2、4、6、8,其中并行节点数为 1 时为串行算法。

① 定义 k 的取值。确定路段属性成 3 类,即正常、拥堵和瓶颈,所以 K-means 聚类算法的聚类中心有 3 个。

② 设置初始聚类中心。针对随机产生初始聚类中心时,噪声数据会给算法运行带来额外的复杂度,本章采用一种求平均值的办法,进而消除噪声数据给算法带来的影响。

假设存在 $X = \{X_1, X_2, \cdots, X_n\} = \{[X_{11}, X_{12}, \cdots, X_{1N}], [X_{21}, X_{22}, \cdots X_{2N}], \cdots [X_{n1}, X_{n2}, \cdots, X_{nN}]\}$这样的数据集,$n$ 为数据集包含的数据对象的数目,N 为数据对象包含的数据个数,则数据集中每一个对象 X_{iN} 的聚类中心为

$$C_{iN} = \frac{i}{k} \cdot \frac{1}{n} \sum_{j=1}^{n} X_{jN} \tag{3-23}$$

式中,i 表示第 i 个聚类中心;k 为聚类个数。

③ 反复计算非聚类中心数据 x_i 到 k 个聚类中心数据 z_j 的距离 $D(x_i, z_j)$,得到聚类中心。

通过计算得到 20 条路段的识别指标数据,对这 20 组识别指标数据进行聚类分析,找到了 3 个聚类中心。实验发现,两种算法得到的聚类中心表基本相同,取并行 K-means 算法得到的聚类中心汇成表格,如表 3-5 所示。

表 3-5　聚类中心表

属　　性	道路通行能力匹配度	交通设施影响系数	拥堵上溢率	饱和度均值
正常路段	1.2365	0.4215	0.0899	0.8324
拥堵路段	0.8517	0.6548	0.3215	0.9216
瓶颈路段	0.6548	0.8947	0.3819	0.9245

将表 3-5 中不同属性路段的聚类中心分别用向量表示,则聚类中心 1 为(1.2365,0.4215,0.0899,0.8324),聚类中心 2 为(0.8517,0.6548,0.3215,0.9216),聚类中心 3 为(0.6548,0.8947,0.3819,0.9245)。

④ 输入 20 组固定交通瓶颈识别指标数据,计算各个路段的属性。实验发现,两种算法的运行结果基本相同,并行 K-means 算法的固定交通瓶颈识别结果如表 3-6 所示,表中的实际路段属性通过调查和观测获得,可以看出识别结果和实际路段属性基本一致,固定交通瓶颈识别的准确率达到 90%,验证了所提出方法的有效性。

表 3-6　固定交通瓶颈识别结果

路段编号	道路通行能力匹配度	交通设施影响系数	拥堵上溢率	饱和流率均值	识别结果	实际属性
1	0.75	0.67	0.49	0.96	瓶颈	瓶颈
2	0.79	0.67	0.37	0.98	瓶颈	拥堵
3	0.78	0.67	0.42	0.99	瓶颈	瓶颈
4	0.76	0.71	0.46	0.95	瓶颈	瓶颈
5	1.23	0.42	0.12	0.68	正常	正常
6	1.25	0.36	0.08	0.74	正常	正常
7	0.87	0.78	0.24	0.72	拥堵	拥堵
8	0.86	0.86	0.24	0.98	瓶颈	瓶颈
9	1.65	0.68	0.06	0.74	正常	正常
10	0.68	0.78	0.25	0.82	拥堵	拥堵
11	0.67	0.89	0.45	0.89	瓶颈	瓶颈
12	0.78	0.72	0.26	0.83	拥堵	拥堵
13	0.79	0.75	0.25	0.81	拥堵	拥堵
14	1.28	0.71	0.25	0.76	拥堵	正常
15	1.45	0.36	0.12	0.68	正常	正常
16	0.98	0.68	0.45	0.85	拥堵	拥堵
17	0.96	0.75	0.23	0.84	拥堵	拥堵
18	0.78	0.82	0.48	0.96	瓶颈	瓶颈
19	0.78	0.83	0.45	0.98	瓶颈	瓶颈
20	0.78	0.81	0.50	0.96	瓶颈	瓶颈

选取运行时间(聚类时间和路段属性识别时间的总和)和加速比(S_n)作为评价指标,进一步验证基于 MapReduce 的 K-means 算法的高效性和扩展性,得到的运行时间对比图和加速比曲线图分别如图 3-9 和图 3-10 所示。

由图 3-9 可以看出,当并行节点数为 2 时,基于 MapReduce 的 K-means 算法的优势并不是很明显,因为并行节点数过少,Map 阶段会花费较多的时间。随着并行节点数的增加,基于 MapReduce 的 K-means 算法的优势得到明显体现,运行时间减少的幅度变大,但是当并行节点数增加到 4 以后,并行算法运行时间减少的幅度变小,原因是随着并行节点数的增加,并行节点之间的通信负荷会逐渐增加,并行节点数为 4 时取得最大性能比。因此,在固定交通瓶颈识别过程中,根据识别指标参数数据的规模,恰当地选择并行节点数,可以取得良好的性能比,节省资源,提高效率。

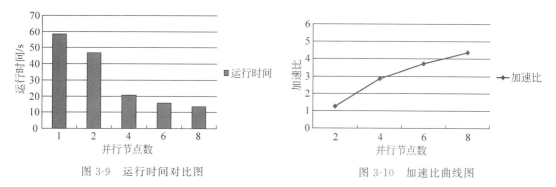

图 3-9 运行时间对比图   图 3-10 加速比曲线图

S_n 是衡量并行算法效率的重要指标,S_n 越大,并行算法的效率越高。由图 3-10 可以看出,随着并行节点数的增加,S_n 是逐渐增大的,说明基于 MapReduce 的 K-means 算法具有良好的扩展性。当并行节点数为 8 时,S_n 达到最大,则

$$S_n = T_s / T_p = 58.46s/13.45s = 4.35$$

式中,T_s 为串行算法运行时间;T_p 为并行算法运行时间。

可以看出,和串行 K-means 算法相比,并行 K-means 算法的运行效率有了显著提高,验证了所提出算法的高效性。并行 K-means 算法的最佳运行时间为 13.45s,满足固定交通瓶颈识别的需求。

3) MR-K means 算法在动态交通瓶颈识别中的应用实例分析

(1) 数据来源。基于 MapReduce 和 K 均值聚类的动态交通瓶颈识别方法的验证数据来源于 VISSIM 交通仿真软件。VISSIM 交通仿真软件来自德国 PTV 公司,该软件通过对交通系统进行建模,可以模拟实时的交通流状况,可以分析交通流的构成和交通状态,也可以评价交通控制效果,还可以优化交通网络,是国际上公认的有效的微观交通仿真工具。以图 3-11 所示的区域路网为例,用 VISSIM4.3 构建模拟路网,并进行交通数据采集。

该区域路网中包含 12 个十字形交叉口,其中两相位交叉口有 2 个,三相位交叉口有 10 个。两相位交叉口的相位相序设置如图 3-12 所示,三相位交叉口的相位相序设置如图 3-13 所示。

该区域路网包含 17 条路段,其中主干道 4 条,分别是 1-2-3-4、3-7-11、1-5-9 和 9-10-11-12;次干道 3 条,分别是 2-6-10、4-8-12 和 5-6-7-8。区域路网的路段基本参数如表 3-7 所示。

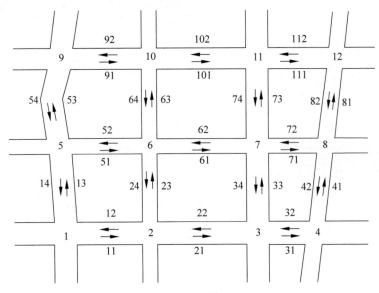

图 3-11　区域路网

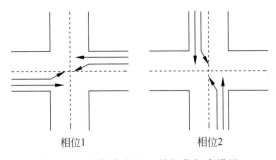

图 3-12　两相位交叉口的相位相序设置

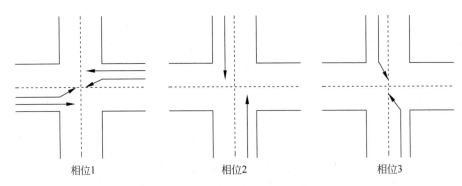

图 3-13　三相位交叉口的相位相序设置

表 3-7　区域路网的路段基本参数

序号	路段编号	路段长度/m	路段参数
1	1-2	751	双向 6 车道
2	2-3	1160	双向 6 车道
3	3-4	530	双向 6 车道
4	1-5	917	双向 6 车道
5	5-9	1021	双向 6 车道
6	2-6	828	双向 4 车道
7	6-10	828	双向 4 车道
8	3-7	828	双向 6 车道
9	7-11	828	双向 6 车道
10	4-8	924	双向 4 车道
11	8-12	927	双向 4 车道
12	5-6	920	双向 4 车道
13	6-7	1160	双向 4 车道
14	7-8	635	双向 4 车道
15	9-10	915	双向 6 车道
16	10-11	1160	双向 6 车道
17	11-12	674	双向 6 车道

直左右比例为 14：3：3
交通构成为小汽车：公交车＝4：1
两相位交叉口：6、8
三相位交叉口：1、2、3、4、5、7、9、10、11、12

利用仿真软件 VISSIM4.3 搭建模拟路网图,如图 3-14 所示,并对路网进行参数标定,通过仿真模拟获得平均路段行程速度、饱和度、时间占有率、排队长度等交通参数数据。检测器布置在交叉口上游 35m 处,仿真时间 9600s,每 600s 采集一次数据,一共获取 $16 \times 34 = 544$ 组数据。

（2）确定评价指标的阈值表。动态交通瓶颈评价指标的阈值表由 VISSIM 仿真确定。选取标准城市道路路段环境进行仿真,如图 3-15 所示,路段为双向 4 车道,上下游均为信号交叉口,并设置相关交通参数,如表 3-8 所示。

通过改变路段的交通流量来模拟畅通、拥堵和瓶颈等交通状况,并记录所选取的动态交通瓶颈识别指标数据值,得到评价指标的阈值表,如表 3-9 所示。

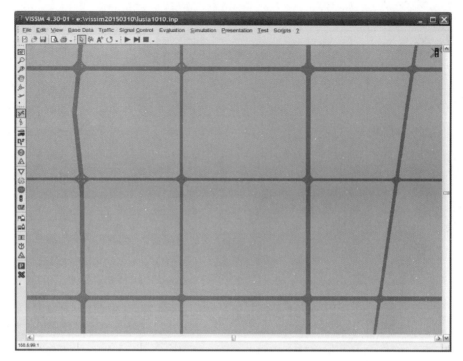

图 3-14　仿真路网图(1)

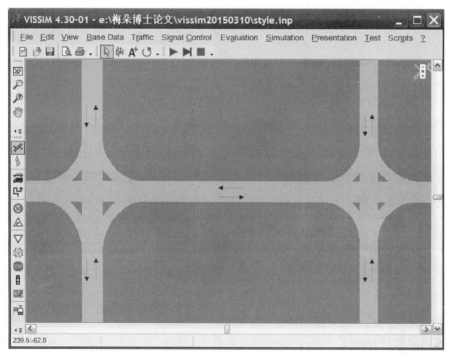

图 3-15　仿真路网图(2)

表 3-8 相关交通参数

参 数	取 值
下游交叉口信号周期	99s
下游交叉口绿信比	0.616
路段自由流速度	60km/h
路段长度	414.3m
自由流时理想通行时间	18.9s

表 3-9 评价指标的阈值表

参 数	畅 通	拥 堵	瓶 颈
平均路段行程速度	>30	$15\sim30$	<15
路段饱和度	<0.80	$0.80\sim0.90$	>0.90
时间占有率	<0.20	$0.20\sim0.30$	>0.30
排队长度比	<0.15	$0.15\sim0.40$	>0.40

（3）动态交通瓶颈识别方法实现。因为定义了 3 种交通状态，所以有 3 个聚类中心，首先设置初始聚类中心，然后通过计算 544 组数据找到了 3 个聚类中心，进而输入 544 组数据，判别路段的交通状态。同样，对比基于 MapReduce 的并行 K-means 算法和串行算法的性能。Hadoop 实验平台由 8 台计算机构成，分别取并行节点数为 1、2、4、6、8，其中并行节点数为 1 时是串行算法。

① 定义 k 的取值。将路网中交通运行状态定义成 3 种，分别为畅通、拥堵和瓶颈，所以 K-means 聚类算法的 $k=3$。

② 设置初始聚类中心。采用平均值的思想确定初始聚类中心。

③ 反复计算非聚类中心数据 x_i 到 k 个聚类中心数据 z_j 的距离 $D(x_i, z_j)$，直到满足条件时，得到聚类中心。

通过对得到的 544 组动态交通瓶颈识别指标数据进行聚类分析，找到了 3 个聚类中心。实验同样发现，两种算法得到的聚类中心表基本相同，并行 K-means 算法得到的聚类中心如表 3-10 所示。

表 3-10 聚类中心

交通状态	平均路段行程速度	路段饱和度	时间占有率	排队长度比
1 畅通	27.7548	0.8478	0.2278	0.1021
2 拥堵	16.7912	0.9211	0.3774	0.4913
3 瓶颈	12.4890	0.9423	0.3951	0.4968

将表 3-10 中不同交通状态的聚类中心分别用向量表示，则聚类中心 1 为(27.7548，0.8478，0.2278，0.1021)，聚类中心 2(16.7912，0.9211，0.3774，0.4913)，聚类中心 3 为

(12.4890,0.9423,0.3951,0.4968)。

以 VISSIM 仿真时间段 7200~7800s 获得的 34 组识别指标数据为例,计算各个路段的交通状态。将 34 组识别指标数据分别输入并行算法程序和串行算法程序,运行结果。实验同样发现,两种算法得到的聚类结果基本相同,表 3-11 为运行结果。将运行结果与 VISSIM 仿真软件运行的实际情况做对比,可以看出,识别结果与实际交通状态基本一致,动态交通瓶颈识别的准确率达到 90% 以上,验证了基于 MapReduce 并行 K-means 算法的有效性。

表 3-11　动态交通瓶颈聚类运行结果

路段编号	平均路段行程速度	路段饱和流率	时间占有率	排队长度比	识别结果	实际状态
1-2	39.50	0.582	0.282	0.125	畅通	畅通
2-3	40.18	0.535	0.251	0.123	畅通	畅通
3-4	40.62	0.493	0.235	0.118	畅通	畅通
4-3	40.12	0.504	0.249	0.127	畅通	畅通
3-2	38.72	0.453	0.225	0.149	畅通	畅通
2-1	39.32	0.436	0.211	0.130	畅通	畅通
1-5	38.82	0.574	0.280	0.145	畅通	畅通
5-10	40.01	0.546	0.268	0.114	畅通	畅通
10-5	38.59	0.493	0.245	0.143	畅通	畅通
5-1	38.73	0.442	0.226	0.148	畅通	畅通
2-6	38.12	0.551	0.110	0.185	畅通	畅通
6-11	32.88	0.663	0.123	0.426	畅通	畅通
11-6	38.80	0.642	0.138	0.154	畅通	畅通
6-2	37.43	0.693	0.145	0.169	畅通	畅通
3-7	39.92	0.522	0.254	0.123	畅通	畅通
7-12	35.16	0.554	0.306	0.342	畅通	畅通
12-7	38.32	0.456	0.227	0.143	畅通	畅通
7-3	38.10	0.478	0.233	0.152	畅通	畅通
4-8	38.54	0.637	0.125	0.146	畅通	畅通
8-13	36.35	0.682	0.143	0.394	畅通	畅通
13-8	31.53	0.644	0.156	0.466	畅通	拥堵
8-4	16.35	0.653	0.317	0.768	拥堵	拥堵
5-6	38.74	0.553	0.118	0.139	畅通	畅通
6-7	38.70	0.626	0.128	0.136	畅通	畅通
7-8	37.75	0.667	0.144	0.144	畅通	畅通
8-7	33.84	0.651	0.159	0.367	畅通	畅通
7-6	31.66	0.760	0.187	0.435	畅通	拥堵
6-5	14.55	0.763	0.625	0.859	瓶颈	瓶颈
10-11	32.27	0.744	0.184	0.412	畅通	畅通

路段编号	平均路段行程速度	路段饱和流率	时间占有率	排队长度比	识别结果	实际状态
11-12	39.68	0.552	0.273	0.138	畅通	畅通
12-13	37.74	0.569	0.292	0.174	畅通	畅通
13-12	40.62	0.475	0.224	0.125	畅通	畅通
12-11	40.84	0.457	0.211	0.114	畅通	畅通
11-10	31.83	0.654	0.167	0.426	畅通	拥堵

同样选取运行时间(聚类时间和路段属性识别时间的总和)和加速比(S_n)作为评价指标,验证所提出算法的高效性和扩展性。图 3-16 所示是运行时间对比图,可以看出,当并行节点数为 2 时,基于 MapReduce 的 K-means 算法的优势还不是很明显,因为节点数过少,Map 阶段会花费较多的时间。随着并行节点数的增加,基于 MapReduce 的 K-means 算法的优势得到明显的体现,运行时间减少的幅度变大;当并行节点数为 8 时,并行算法运行时间减少的幅度很小,原因是随着并行节点数的增加,并行节点之间的通信负荷会逐渐加大,当并行节点数为 6 时取得最大性能比。因此,在动态交通瓶颈识别过程中,根据识别指标数据的规模,也要恰当地选择节点数,进而取得良好的性能比,节省资源,提高效率。

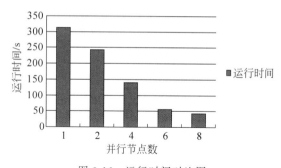

图 3-16 运行时间对比图

图 3-17 是基于 MapReduce 的 K-means 算法的 S_n 曲线图,可以看出加速比是逐渐增加的,说明基于 MapReduce 的 K-means 算法具有良好的扩展性。当并行节点数为 8 时,基于 MapReduce 并行算法的加速比达到最大,即 $S_8 = T_s/T_p = 312.45\text{s}/43.88\text{s} = 7.12$。可以看出,在动态交通瓶颈识别的实验中,并行算法取得更大的性能比,并行算法比串行算法的运行效率提高了 7.12 倍,最佳运行时间 43.88s,满足动态交通瓶颈识别的需求。

此外,综合分析固定交通瓶颈识别和动态交通瓶颈识别两个实例,在固定交通瓶颈过程中,要处理的数据规模是 KB 级的;在动态交通瓶颈识别过程中,要处理的数据规模是 MB 级的。可以看出,随着数据规模的升级,算法的运行时间也在增加,可以通过增多并行节点来提高效率;同时,随着数据规模的升级,基于 MapReduce 的并行 K-means 算法的性

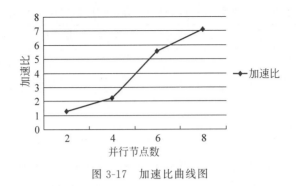

图 3-17 加速比曲线图

能更好了,并行节点数为 8 时得到的 S_n 由 4.35 提升到 7.12。

3.1.2 MR-FCM 算法在区域交通状态识别中的应用实例

交通状态识别一直是智能交通领域的研究热点,如何准确地识别当前的交通状态,并预测未来时段的交通状态,是实现交通控制与管理的前提。随着城市路网规模的不断扩大,传统的针对路段或者交叉口的交通状态识别方法,由于运行效率非常低,面对路网数据量的增大,显然力不从心,已经无法满足当前交通控制与管理的需求。

针对路网规模的扩大,一些专家学者已经提出了一些解决区域路网交通状态识别的方法,大致可以分为 3 类:①统计学方法,即通过设计路网交通状态评价体系,宏观地实现路网交通状态识别;②基于聚类、模式识别的方法,即通过交通流参数分析得到交通状态;③基于路网拓扑特征的方法,即通过分析路网连通性,并设计交通状态判别系数,从而得到区域交通状态。

这些方法在一定程度上实现了区域路网的交通状态识别,但是仍然有一些不足,如对路网交通信息考虑不全面、算法运行效率低等问题,导致无法满足智能交通控制与管理的实时性需求。云计算自诞生之日起,就是为了解决数据量大、处理困难的问题而生,它的 MapReduce 并行编程模型可以很好地实现大数据集的并行化处理,有效地避免通信瓶颈,为进一步解决区域路网交通状态识别中的数据量大、求解难的问题提供了契机。因此,针对模糊 C 均值(Fuzzy C-Means,FCM)聚类算法存在的不足之处,结合云计算的 MapReduce 并行编程模型,对该算法进行改进,提出基于 MR-FCM 的区域交通状态识别方法,在保证区域路网交通状态识别的准确性前提下,进一步提高区域路网交通状态识别的效率,从而更好地满足智能交通控制与管理的需求。

1. 模糊 C 均值聚类算法

模糊聚类分析源于多元统计分析,由于模糊聚类分析可以获得对象隶属于不同类的不确定程度,更客观地反映对象的实际属性,被广泛应用于处理具有模糊关系的对象数据集。针对分类数可以确定的对象集合,基于目标函数聚类的模糊 C 均值聚类(FCM)是分析事物的最佳算法。

1972 年,Bezdek 和 Castelaz 提出 FCM 算法,该算法可以把聚类问题转化为非线性规划问题,通过迭代优化,得到待分析数据集合的最佳模糊划分和聚类结果。FCM 算法的基本思想是:在分类数确定的情况下,通过算法的不断迭代,将数据集进行分类,使同类中的数据相似度最大,非同类中的数据相似度最小。

设聚类样本 $X = \{x_1, x_2, \cdots, x_n\}$,其中 n 为样本中数据的个数,将样本分为 $C(1 < C < n)$ 类,隶属度矩阵为 $U = [u_{ij}]_{C \times n}$,其中 u_{ij} 表示第 $j(j = 1, 2, \cdots, n)$ 个数据对第 $i(i = i, 2, \cdots, C)$ 类的隶属度函数。

目标函数为

$$J(U, V_1, V_2, \cdots, V_C) = \sum_{i=1}^{C} J_i = \sum_{i=1}^{C} \sum_{j=1}^{n} u_{ij}^m d_{ij}^2 \tag{3-24}$$

约束条件为

$$\begin{cases} 0 \leqslant u_{ij} \leqslant 1 \\ \sum\limits_{i=1}^{C} u_{ij} = 1 \\ 0 \leqslant \sum\limits_{j=1}^{n} u_{ij} \leqslant n \end{cases} \tag{3-25}$$

式中,$V = [V_1, V_2, \cdots, V_C]$ 为每一类的聚类中心;$(d_{ij})^2 = \| x_j - v_i \| = (x_j - v_i)^{\mathrm{T}} A (x_j - v_i)$ 为第 j 个数据到第 i 个聚类中心的欧氏距离;m 为模糊加权指数,m 越大,U 的模糊程度越高。

用拉格朗日乘法求解式(3-24),可得到

$$J(U, V, \lambda_1, \cdots, \lambda_n) = \sum_{i=1}^{C} \sum_{j=1}^{n} u_{ij}^2 d_{ij}^2 + \sum_{k=1}^{n} \lambda_k \left(\sum_{i=1}^{C} u_{ij} - 1 \right) \tag{3-26}$$

对式(3-26)所有变量求导可得

$$v_i = \frac{\sum\limits_{j=1}^{n} u_{ij}^m x_j}{\sum\limits_{j=1}^{n} u_{ij}^m} \tag{3-27}$$

$$u_{ij} = \frac{1}{\sum\limits_{k=1}^{C} \left(\dfrac{d_{ij}}{d_{kj}} \right)^{2/m-1}} \tag{3-28}$$

由 FCM 算法的基本思想可以看出,FCM 算法的聚类效果和初始聚类中心、聚类个数 C 以及加权指数 m 这 3 个参数有关;FCM 算法的运行时间主要消耗在求解式(3-27)和式(3-28)上。其中,聚类个数 C 根据实际需求而定,对于区域交通状态判别问题来说,$C=3$。关于 m 的取值,Pal 等通过实验发现,m 的最佳取值范围为 $[1.5, 2.5]$,此处取中间值为 2。为避免初始聚类中心的噪声影响,导致算法陷入局部最优,基于均值-标准差确定初始聚类中心。

均值-标准差的思想来自随机函数的分布知识,聚类样本是均匀分布在样本均值附近的。假设分类数为 C,则第 i 类的初始聚类中心 m_i 为

$$m_i = (\mu - \sigma) + \frac{2\sigma_i}{C}, \quad i = 1, 2, \cdots, C \tag{3-29}$$

式中,μ 是样本均值;σ 是样本标准差。

此外,为了提高整个算法的速度,引入 MapReduce 编程模型对 FCM 进行并行化处理。

2. 基于 MR 的 FCM 算法

MR-FCM 算法的基本流程如下:

(1) 数据准备。获取交通状态参数的数据样本,定义数据样本的初始键值对格式为<路段编号,记录属性向量>,并将数据集保存到本地磁盘上。

(2) 数据样本分割。将 $M+1$ 台机器中的 1 台既作为主机器又作为从机器,其余 M 台均为从机器。主机器将数据集分割为 M 个小数据块,并发送到 M 台从机器上。

(3) 初始聚类中心的确定。主机器基于均值-标准差确定的初始聚类中心,并将初始聚类中心、聚类个数、迭代次数、算法终止阈值、加权指数等参数发送到 M 台从机器上。

(4) Map 阶段,计算隶属度。从机器调用 Map() 函数,按照式(3-28)计算每一个样本点对初始聚类中心的欧氏距离和隶属度,并以键值对<key, value>的形式输出中间结果。

(5) 合并操作。为了降低网络的通信成本,执行 Combine 操作。此时,具有相同键值的参数合并起来,使具有相同交通状态的路段聚成一类,共形成 C 类。

(6) Reduce 阶段,计算新的聚类中心。从机器调用 Reduce 函数,按照式(3-27)计算 C 个类的新聚类中心。

(7) 判断算法是否收敛。比较新聚类中心和初始聚类中心,如果变化小于给定阈值,则输出聚类中心;否则,用新聚类中心替代初始聚类中心,重复执行(4)~(6),直到满足条件或达到最大迭代次数,输出聚类中心。

(8) 主机器将聚类中心分配到 M 台从机器上,从机器调用 Map() 函数,按照式(3-28)计算每一个样本点对初始聚类中心的欧氏距离和隶属度,经主机器汇总,输出最终交通状态判别的结果。

3. 实例验证

1）数据来源

区域路网交通状态判别方法的验证数据来自 VISSIM 仿真软件，仿真路网图如图 3-18 所示。该路网共有 12 个交叉口，其中交叉口 6、8 为两相位，其余均为三相位。该路网共有 17 条双向路段，1-2-3-4、1-5-9、3-7-11 和 9-10-11-12 均为双向 6 车道，其余为双向 4 车道。通过 VISSIM 仿真采集平均路段行程速度、饱和度、时间占有率、排队长度比等交通状态参数。仿真时长 27000s，采集数据间隔 300s，共采集到 3060 条交通状态参数数据。

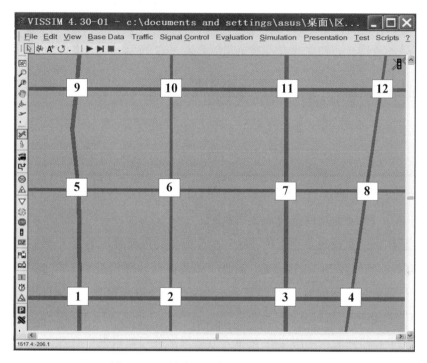

图 3-18　区域交通状态判别的仿真路网图

2）确定评价指标及其阈值表

选取对交通状态影响比较显著的 4 个交通参数：平均路段行程速度、路段饱和度、时间占有率和排队长度比为区域路网交通状态的指标。

平均路段行程速度的表达式为

$$\vartheta_i(t) = L_i / T_i(t) \tag{3-30}$$

式中，L_i 为路段长度；$T_i(t)$ 为路段形成时间。

路段饱和度的表达式为

$$S = V/C \tag{3-31}$$

式中,V 为路段实际流量;C 为路段通行能力。

时间占有率的表达式为

$$\text{occupy} = \sum_{i=0}^{\infty} \Delta t_i / T_i(t) \qquad (3\text{-}32)$$

式中,Δt_i 为第 i 辆车通过检测器需要的时间(s);$T_i(t)$ 为检测器检测总时间(s)。

排队长度比的表达式为

$$Q' = Q/L \qquad (3\text{-}33)$$

式中,Q 为检测时间内的平均排队长度(m);L 为路段长度(m)。

由 VISSIM 仿真确定阈值表,分别改变路段的流量输入以模拟出畅通、拥堵、严重拥堵的交通状况,同时记录车辆的运行数据包,按照式(3-30)～式(3-33)计算单个探测车拥堵表征量。标定后的道路交通拥堵状态特征量阈值如表 3-12 所示。

表 3-12　状态特征量阈值

参　　　数	畅　　通	拥　　堵	严 重 拥 堵
平均路段行程速度	>30	$15\sim30$	<15
路段饱和度	<0.80	$0.80\sim0.90$	>0.90
时间占有率	<0.20	$0.20\sim0.30$	>0.30
排队长度比	<0.15	$0.15\sim0.40$	>0.40

3) 基于 MR-FCM 的路网交通状态判别

定义区域路网的交通状态有 3 种,即 $C=3$。为了验证所提出的基于 MR-FCM 算法的有效性和高效性,与串行 FCM 算法进行对比。采用 8 台计算机搭建 Hadoop 实验平台,其中 1 台计算机既为主机器也为从机器,其余均为从机器。取并行节点数为 1、2、4、6、8,当并行节点数为 1 时是串行算法。

(1) 聚类中心的确定。采用均值-标准差方法确定的初始聚类中心为

$$\boldsymbol{V}_{\text{MSE}}^{0} = \begin{pmatrix} 28.4566 & 0.8423 & 0.3426 & 0.1524 \\ 15.8812 & 0.9614 & 0.4235 & 0.5213 \\ 11.2324 & 0.8536 & 0.2546 & 0.5012 \end{pmatrix}$$

分别采用并行算法和串行算法对采集到的 3060 组评价指标数据进行聚类分析。并行算法得到的 3 种交通状态的聚类中心用矩阵表示为

$$\boldsymbol{V}_{\text{MR-FCM}}^{0} = \begin{pmatrix} 27.4423 & 0.8542 & 0.2546 & 0.1213 \\ 15.8812 & 0.9614 & 0.3785 & 0.4821 \\ 12.4245 & 0.9341 & 0.3642 & 0.4813 \end{pmatrix}$$

串行算法得到的 3 种交通状态的聚类中心用矩阵表示为

$$V_{FCM}^0 = \begin{pmatrix} 27.4423 & 0.8542 & 0.2546 & 0.1213 \\ 15.8812 & 0.9614 & 0.3785 & 0.4678 \\ 12.4245 & 0.9341 & 0.3642 & 0.4813 \end{pmatrix}$$

聚类中心矩阵的 3 行分别表示畅通、拥堵、严重拥堵 3 种交通状态的聚类中心,聚类中心由平均路段行程速度、路段饱和度、时间占有率和排队长度比组成。对比并行算法和串行算法得到的聚类中心矩阵可以看出,两种算法得到的聚类中心比较接近,说明并行算法的并行环境,以及中间结果合并、传递和最终结果汇总等过程并没有影响聚类质量。

(2) 判别结果分析。以采集的指标数据为基础,实现 34 条路段在 90 个时段的交通状态判别,并对比串行算法和并行算法的判别结果。通过实验发现,并行算法和串行算法的判别结果基本相同,说明并行算法的中间结果传递和最终结果汇总等过程并没有影响判别效果,验证了所提出的并行 FCM 算法的正确性。通过计算统计,发现并行算法的路网交通状态判别准确率大于 90%,验证了所提出的并行 FCM 算法的有效性。图 3-19 是随机选取

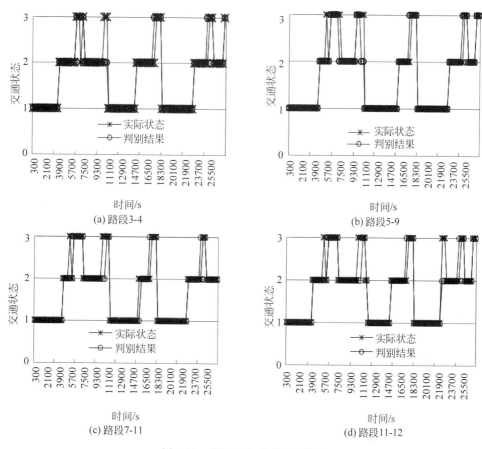

图 3-19 路网交通状态判别结果

的 4 条路段在 90 个时段内的判别结果,并与仿真运行的实际交通状态进行相应的对比图,其中纵坐标中的 1、2、3 分别表示畅通状态、拥堵状态和严重拥堵状态。

(3) 运行时间分析。以运行时间(聚类时间和区域交通状态判别时间的总和)和加速比(S_n)为指标对所提出算法进行评价。图 3-20 和图 3-21 为运行时间对比图和加速比曲线图。由图 3-20 可见,当并行节点数为 2 时,所提出的并行 FCM 算法的运行时间小于串行 FCM 算法,但是运行时间减小的幅度较小,运行效率提高不明显,原因是并行节点数太少,增加了 Map 阶段耗时。当并行节点数继续增加以后,运行时间减少的幅度增大,但是当并行节点数增加到 8 时,运行时间减少的幅度又变小,原因是并行节点数增加的过程,也增加了并行节点之间的通信负荷,并不是并行节点数越多越好,该实例中并行节点数取 6 时可以得到最佳性能比。可见,在交通状态判别过程中,根据区域路网的规模,合理地选择并行节点数,才能达到提高判别效率、节省资源的目的。由图 3-21 可见,所提出并行算法的加速比逐渐增加,说明其具有良好的扩展性。当并行节点数为 8 时,算法获得最大的加速比,$S_8 = T_s/T_p = 378.24s/50.46s = 7.49$,即并行算法是串行算法的运行效率的 7.49 倍,最小运行时间 50.46s,满足区域路网交通状态判别的需求。

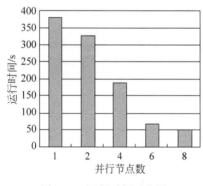

图 3-20　运行时间对比图

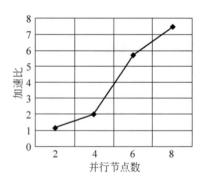

图 3-21　加速比曲线图

3.2　交通参数预测

3.2.1　交通流时空相关性分析

交通流特征是指交通流状态的定性、定量特征。交通流参数是表征交通流状态特征的物理量,分为宏观参数和微观参数。交通量又称流量,是交通流的宏观参数,是指某一时间段内,通过道路某一地点、某一断面或某一车道的交通实体数。影响城市道路交通量的因素是随机的、多种多样的,如周围环境因素、驾驶员因素等,因此表现出显著的实时动态性、周期相似性和时空关联性。

1. 交通流的基本特征

1）实时动态性

交通流参数主要受出行量、城市道路环境、交通管制、交通诱导、公交车停靠等因素的影响,如道路几何条件不统一、行人和自行车过街、专用车道等,因此交通流参数是实时变化的。同一路段同一天不同时间段内的交通量是不同的;不同日期同一路段同一时间段内的交通量也是不同的。然而,同一路段同一天不同时间段内的交通量具有相关性;不同日期同一路段同一时间段内的交通量具有相关性。

2）周期相似性

对于某一指定城市而言,城市居民的出行具有规律性,因此针对某一指定的路段,它的交通流参数变化曲线表现出周期性。同时,以小时、天、周、月等单位为周期表现出很强的相似性。

3）时空相关性

交通流的时空相关性表现在某一路段的状态特征除了与自身路段历史的交通参数变化具有相关性,还与与其相关联路段的历史交通参数具有相关性。图 3-22 是某城市某天不同检测器采集到的交通流量数据统计图。不难看出,图 3-22 中图(a)和图(c)特别像,图(b)和图(f)也特别像,可见不同路段的交通流具有一定的相似性,为交通流时空相关性研究提供了依据。

2. 采用系统聚类方法分析路段截面数据

为了进一步了解各路段截面之间的相关程度,选择相关系数为相似系数,以相似系数作为聚类标准,采用系统聚类方法对路段截面数据进行分析。

1）聚类依据

聚类分析法是一种数理统计方法,在交通流数据分析中已有相关研究成果。这种方法是将一批样品或变量,按照它们在性质上的亲疏程度进行分类。具体分类方式有两种:一种是将变量定义为多维空间中的点,通过计算点和点的距离来确定变量的亲疏程度;另一种是用某种相似系数来描述变量之间的亲疏程度。

城市路网中的交叉口或路段在很多方面都存在着"物以类聚"的特点,如交叉口的形状相似、路段的地理位置接近、交通特性相似等。以路网中采集到的流量为聚类依据,确定路段与路段之间的亲疏程度,进而实现"类聚",找到相互关联的路段。根据上一节中同一日不同检测器采集到的交通流量图可以知道,路网中某些截面具有相关性,而且有些截面之间的相关性非常强,说明路网中的路段间存在着以交通流量为特征的聚类基础。

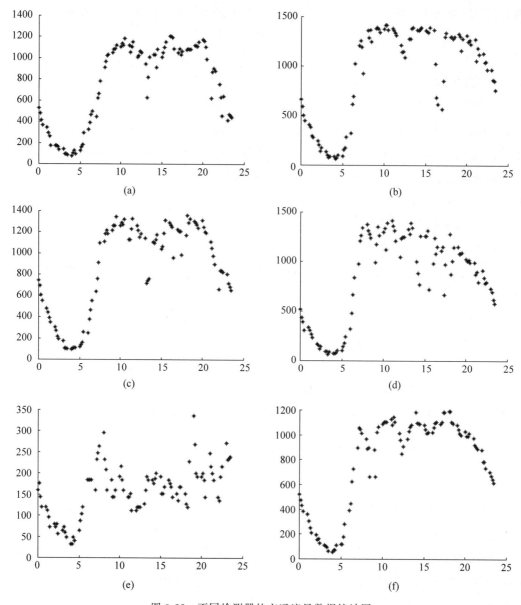

图 3-22 不同检测器的交通流量数据统计图

以交通流量为依据对路段进行聚类的目的有 3 个：通过聚类实现路段的分类交通管理，为科学确定关键路段提供理论依据；通过聚类可以将具有时空关联性的路段聚成一类，为交通流预测奠定基础；为预测分析提供类群。

2）聚类分析方法

（1）聚类方法的选择。聚类的方法有很多种，如系统聚类、模糊聚类、图论聚类、K 均值聚类等。将聚类对象称为变量,则系统聚类法就是在确定了聚类对象之间距离的基础上,计算类之间的距离。将所有变量定义为一类,然后计算变量与变量的距离,取得最小值的两类合并,继续重新计算类与类之间的距离,如此反复,直到所有变量聚成一类为止。把系统聚类分析的过程制成一张聚类谱系图,可以清晰地看出聚类结果,因此常常把系统聚类法称为谱系聚类。

K 均值聚类在 3.1.1 节已有阐述,即确定 K 个聚类中心数据,然后计算非聚类中心数据到聚类中心数据的距离,以距离最小为原则对分类进行不断调整,直到分类合理为止。模糊聚类法是以模糊理论为基础对分类问题进行处理。图论聚类法是以最小支撑树的概念为基础对分类问题进行处理。

本章选用了系统聚类分析法对交通流进行时空相关性分析,应用系统聚类分析方法的主要步骤如下:

① 数据的标准化处理。一是数据标准化处理;二是选择变量,选择相关性不显著而且贡献率较大的变量作为聚类指标。

② 确定变量距离或相似系数。

③ 计算类间距并进行聚类。计算类间距,取最小值的两类聚一起,如此反复,直到所有变量聚成一类为止。

④ 绘制聚类谱系图。

(2) 相似系数的选择。以路网中的路段截面为变量,以交通流量为样本,对相关联的路段进行聚类,因此以相似系数法作为分类方法。该方法的主要思想:样本之间的特征越相近,样本之间的相似系数越趋近于 1 或 −1;反之,则越趋近于 0。将趋近于 1 或 −1 的样本聚为一类,越趋近于 0 的样本聚为不同类。

相似系数描述了样本或者变量间的一种相似程度。假设变量 y_i 与 y_j 之间的相似系数为 C_{ij},则 C_{ij} 满足以下条件:

① $C_{ij} = \pm 1 \Leftrightarrow y_i = a y_j (a \neq 0, a$ 是常数$)$;

② $|C_{ij}| \leqslant 1$;

③ $C_{ij} = C_{ji}$。

针对路网交叉口的交通流量,设存在矩阵 $\boldsymbol{Q}$,且

$$\boldsymbol{Q} = \begin{bmatrix} q_{11} & q_{12} & \cdots & q_{1n} \\ q_{21} & q_{22} & \cdots & q_{2n} \\ \vdots & \vdots & \ddots & \vdots \\ q_{m1} & q_{m2} & \cdots & q_{mn} \end{bmatrix} \tag{3-34}$$

式中,m 为交叉口数目;n 为采集的数据点数目,即样本数。

首先要对原始数据进行标准化变换为

$$q'_{ij} = \frac{q_{ij} - \overline{q}_i}{\sqrt{s_i}}, \quad i = 1, 2, \cdots, n; \quad j = 1, 2, \cdots, n \tag{3-35}$$

式中，$\overline{q} = \frac{1}{n}\sum_{j=1}^{n}q_{ij}, i = 1, 2, \cdots, m$；$s_i = \frac{1}{n-1}\sum_{j=1}^{n}(q_{ij} - \overline{q}_i), i = 1, 2, \cdots, n$。

对 q'_{ij} 进行标准化处理，得到的 q'_{ij} 的均值为 0，方差为 1，且 q'_{ij} 的相似系数矩阵和协方差矩阵相同。

$$\boldsymbol{R} = \boldsymbol{Q}\boldsymbol{Q}^{\mathrm{T}} \tag{3-36}$$

式中，$\boldsymbol{R}$ 为相似系数矩阵，$\boldsymbol{Q}$ 为经过标准化处理后的流量矩阵，$\boldsymbol{Q}^{\mathrm{T}}$ 为 $\boldsymbol{Q}$ 的转置矩阵。

（3）聚类分析过程。以交通流量为基本数据，定义相似系数为路段聚类的衡量标准，相似系数越接近于 1，路段之间的关联性越强。具体过程如下：

类 G_p 和 G_u 之间的相似系数为 R_{pu}，且

$$R_{pu} = \max_{q_i \in G_p, q_j \in G_u} r_{ij} \tag{3-37}$$

① 计算变量与变量之间的相似系数，构成相似矩阵 $\boldsymbol{R}(0)$，此时每一个变量独自构成一类 $R_{pu} = r_{pu}$；

② 找到相似矩阵 $\boldsymbol{R}(0)$ 非主对角线的最大值，设为 R_{pu}，此时 G_p 和 G_u 聚为一个新类，记作 G_s，且 $G_s = \{G_p, G_u\}$；

③ 计算新类和别的类之间的相似系数为

$$R_{sk} = \max_{\substack{q_s \in G_s \\ q_j \in G_k}} r_{sj}$$

$$= \max\{\max_{\substack{q_i \in G_p \\ q_j \in G_k}} r_{ij}, \max_{\substack{q_i \in G_u \\ q_j \in G_k}} r_{ij}\}$$

$$= \max\{R_{pk}, R_{uk}\} \tag{3-38}$$

把这个相似系数记作 $\boldsymbol{R}(1)$。

④ 对 $\boldsymbol{R}(1)$ 实施步骤②和③，得到 $\boldsymbol{R}(2)$，依此类推，得到 $\boldsymbol{R}(3)$、$\boldsymbol{R}(4)$、……，直到所有的样本类聚为一类为止。

3.2.2 基于 MR 和 GA-SVM 的短时交通流预测方法

大数据时代，随着路网规模的增大，其海量的交通流数据给交通流预测带来了巨大的困难，传统的串行方法已经无法满足实时性和准确性的需求。为了解决这样的问题，智能

交通领域的专家设法研究并行的交通流预测方法。李巧茹、陈亮等提出了一种并行交通量预测方法,但这种方法更适用于突发事件情况下的交通量预测,对正常交通状态下的实用性不强。邓清清利用 Charm++ 编程模式实现了基于碟形网络的并行神经网络算法,并应用到交通流预测中,当并行节点数为 110 时,2000 条路段的交通流预测耗时 520.88s。王凡和谭国真基于 MPI 并行编程模型实现了一种并行广义神经网络的交通流预测方法,与串行神经网络相比加速比提高了 2 倍。王凡在毕业论文中基于 MPI 并行编程模型设计了一种并行支持向量机的交通流预测方法,当并行节点数为 100 时,2000 条路段的交通流预测耗时 36.48s。

上述研究成果在一定程度上解决了路网规模庞大时的交通流预测问题,但是也存在局限性,100 台机器的资源消费巨大,算法的运行时间有待提高;同时,预测因子的选择上没有考虑交通流的时空特征,预测精度有待提高。大量研究成果表明,支持向量机在求解交通流预测问题时具有一定的优势,然而,在面对大规模交通流数据时,支持向量机表现出需要存储空间大、训练速度慢等缺点,因此人们研发了并行支持向量机,以减少计算开销,提高计算效率。充分考虑了交通流的时空特征,提出一种基于云计算的遗传-支持向量机模型,实现路网交通流预测,在节约资源的同时,提高了预测精度,减少了运行时间。

1. 支持向量机

无数研究成果表明,以统计学理论为基础的支持向量机(Support Vector Machine,SVM)在解决非线性、高维数、局部极小点问题上具有优势,所以成为研究热点。交通流预测问题正是一种非线性回归问题,因此支持向量机被广泛应用于该领域,解决这类问题的思想如下:

已知训练集 $T = \{(x_1, y_1), \cdots, (x_i, y_i), \cdots, (x_l, y_l)\}$, $x_i \in \mathbf{R}^n$ 为影响交通预测的因素,由于预测路段的交通流量与该路段以及相关联路段的前几个时段的交通流量均有着必然的联系,因此本章中 x_i 取该路段和关联路段的历史交通流量值,$y_i \in \mathbf{R}$ 为预测值,$i = 1$,$2, \cdots, l$ 是训练样本数,引入 $\boldsymbol{\phi}(x) = [\phi_1(x), \phi_2(x), \cdots, \phi_N(x)]^{\mathrm{T}}$ 把训练数据从低维特征空间映射到高维特征空间,在高维特征空间构造线性决策函数使原来的非线性问题转化为线性问题:

$$f(x) = \sum_{m=1}^{l} w_m \phi_m(x) + b \tag{3-39}$$

引入 ε ——不敏感损失函数 $L(x, y, f(x)) = \begin{cases} 0, & |f(x) - y| \leqslant \varepsilon \\ |f(x) - y| - \varepsilon, & \text{其他} \end{cases}$ 求解

出一个 $f(x)$ 使得 $C \sum_{i=1}^{l} L(x, y, f(x)) + \dfrac{1}{2} \| w \|^2$ 最小,其中 C 是惩罚因子,线性权值向量

$\boldsymbol{w}=[w_1,w_2,\cdots,w_N]^{\mathrm{T}}$。

引入松弛变量 ξ_i 和 ξ_i^*，改写上式为

$$\begin{cases} \min\left\{C\sum_{i=1}^{l}L(x,y,f(x))+\dfrac{1}{2}\parallel \boldsymbol{w}\parallel^2\right\} \\[2mm] \mathrm{s.t.}\ \ y_i-\left[\sum_{m=1}^{N}w_m\phi_m(x)+b\right]\leqslant \varepsilon+\xi_i \\[2mm] \qquad \left[\sum_{m=1}^{N}w_m\phi_m(x)+b\right]-y_i\leqslant \varepsilon+\xi_i^* \\[2mm] \qquad \xi_i\geqslant 0,\quad \xi_i^*\geqslant 0,\quad i=1,2,\cdots,l \end{cases} \tag{3-40}$$

上述问题是一个具有不等式约束的二次规划问题，引入一个核函数 $K(x_i,x)$，选择径向基函数为核函数，利用拉格朗日乘子法求解，并进行对偶变化得到

$$\begin{cases} \min\left\{\dfrac{1}{2}\sum_{i,j=1}^{l}(\alpha_i^*-\alpha_i)(\alpha_j^*-\alpha_j)K(x_i,x_j)-\sum_{i=1}^{l}(\alpha_i^*-\alpha_i)y_i+\sum_{i=1}^{l}(\alpha_i+\alpha_i^*)\varepsilon\right\} \\[3mm] \mathrm{s.t.}\ \sum_{i=1}^{l}(\alpha_i-\alpha_i^*)=0,\quad 0\leqslant \alpha_i,\quad \alpha_i^*\leqslant C,\quad i=1,2,\cdots,l \end{cases}$$

$$\tag{3-41}$$

式中，α_i 和 α_i^* 为拉格朗日乘子。求解上述式子，最后回归函数可以改写为

$$f(x)=\sum_{i=1}^{l}(\alpha_i^*-\alpha_i)K(x_i,x)+b \tag{3-42}$$

式中，$K(x_i,x)=\mathrm{e}^{-\frac{\parallel x_i-x\parallel}{\sigma^2}}$，$\sigma>0$。

由此可见，支持向量机的惩罚参数 C、不敏感损失参数 ε 和核函数参数 σ 对预测结果影响非常大，因此采用云计算环境下的并行遗传算法对其进行优化。

2. 基于 MapReduce 的并行遗传算法

遗传算法(Genetic Algorithm,GA)具有两个缺点：容易过早收敛，陷入局部最优；在选择、交叉、变异等步骤耗时多，效率太低。针对这两个缺点，同时考虑 GA 自身携带着并行性，并行 GA 应运而生。采用 Hadoop 实现并行 GA，既可以避免 GA 局部收敛，又可以提高 GA 的效率。采用并行遗传算法对 SVM 进行优化，根据交通流的特点，SVM 的 3 个参数被限制在一定的区域范围内，因此该问题是一个限制性区域内的搜索问题。应用遗传算法实现 SVM 优化问题，首先对遗传算法的并行性进行深入研究。

1）遗传算法的并行性分析

遗传算法在不断进化中实现,随机产生一个初始种群,通过适应度评价、遗传操作等环节,产生新的个体,如此反复,直到达到最大进化代数为止。图 3-23 给出了遗传算法中具有并行性的环节。

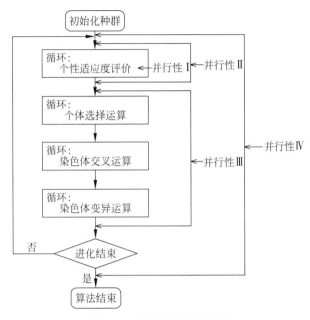

图 3-23　遗传算法的并行性

并行性 I：适应度评价作为遗传算法中耗时比较多的环节,通过对这个环节实现分布式处理,提高算法的运行效率。

并行性 II：每个个体的适应度评价都是相互独立的,不存在相互关联,因此可以将个体适应度评价平均分布到多台机器上执行。

并行性 III：新一代种群需要经历选择、交叉、变异等运算,其中,选择运算与适应度评价相关,交叉和变异运算与染色体编码相关。因此,这 3 个环节可以独立地进行,互不干扰。

并行性 IV：适应度评价、选择运算、交叉运算和变异运算都具有独立性,因此,可以将一个种群分为多个小种群,并分别分配到每台机器上独立执行。

可以看出,并行性 I、II 和 III 无法从根本上改善遗传算法的运行方式,还是对整个种群实现一步一步地遗传操作;并行性 IV 改变了遗传算法的运算结构,符合生物进化的规律,是研究的热点,本书也采取这种并行方式实现遗传算法的并行化。

2）遗传算法的构成要素

遗传算法的实现过程和自然界生物的进化过程类似,在解决问题时,首先要将问题转化成遗传算法能够识别的形式,即染色体编码;然后要经历适应度评价和选择、交叉、变异等运算,这些环节都和生物的遗传进化机理相似。

（1）染色体编码。该操作是为了方便计算,是将所求问题的解的形式转化为 GA 能够识别的编码串形式的过程。采用二进制编码方式对 SVM 的参数进行编码,C、ε 和 <key, value>在交通流预测中可取的编码范围为[0.1,150]、[0.01,0.5]和[0.01,10]。

（2）适应度函数。定义一个适应度函数是为了通过这个函数来指导下一代的选择进化,求得问题的最优解。一个精确的适应度函数可以提高算法的速度和解的质量。SVM参数优化问题是为了获得最佳的参数,因此选择平均相对误差进行适应度评价。

（3）遗传运算。

① 个体选择。个体选择的目的是将适应度值较高的优秀个体通过复制遗传给下一代,使优秀的个体不断进化。个体选择通过轮盘赌选择法进行,则适应度值为 $G(i)$ 的染色体被选择的概率为

$$P_1(i) = G(i) \bigg/ \sum_{i=1}^{N} G(i) \qquad (3\text{-}43)$$

② 交叉与变异。交叉与变异是影响 GA 行为的关键。交叉运算是为了通过此运算尽量将父本中优秀基因遗传,形成一个全新的个体。变异的目的是避免算法陷入局部最优解,保持种群的多样性。适者生存是遗传算法的基本理念,因此引入交叉率和变异率的自适应调整函数,通过不断更新来保证种群中基因的多样性,从而避免 GA 陷入早熟。概率函数为

$$P_m(i) = \begin{cases} K_1 N(g_{\max} - g'_i)/(g_{\max} - g_{\text{avg}}), & g \geqslant g_{\text{avg}} \\ K_2, & g < g_{\text{avg}} \end{cases} \qquad (3\text{-}44)$$

$$P_m(i) = \begin{cases} K_1 N(g_{\max} - g_i)/(g_{\max} - g_{\text{avg}}), & g \geqslant g_{\text{avg}} \\ K_2, & g < g_{\text{avg}} \end{cases} \qquad (3\text{-}45)$$

式中,$g_{\max}$ 为当前代的最大适应度值;g_{avg} 为当前代平均适应度值;g_i 为当前代第 i 个个体的适应度值;g'_i 为当前代两个交叉个体中适应度值较大的;N 是染色体长度;K_1 和 K_2 为调整系数。

3）遗传算法的 MapReduce 并行化

对遗传算法进行 MapReduce 并行化的基本思想是"分而治之",根据前面对遗传算法并行性的分析,采用第四种并行方式设计并行遗传算法。假设由 M 个并行节点构成一个 Hadoop 并行计算架构,其中 1 个既作为主节点又作为从节点,则基于 MapReduce 的遗传

算法的基本流程如图 3-24 所示。

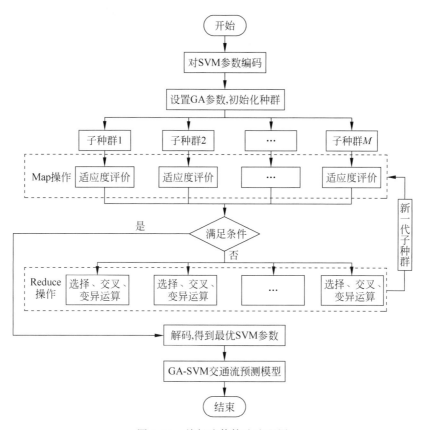

图 3-24　并行遗传算法流程图

3. 交通流预测方法的实现

利用基于 MapReduce 的 GA-SVM 实现交通流预测分为 3 个步骤：第一步，训练样本数据的准备；第二步，利用基于 MapReduce 的遗传算法对支持向量机模型进行训练；第三步，利用训练好的支持向量机模型进行短时交通流预测。

1）训练样本数据的准备

首先对采集到的交通流数据进行预处理，然后进行时空相关性分析，得到时空序列样本数据，并作为训练样本。将其归一化的公式如下：

$$f(x): x \rightarrow y, y \in [-1, 1]$$

$$y = (y_{max} - y_{min})(x - x_{min})/(x_{max} - x_{min}) + y_{min}$$

$$= 2(x - x_{min})/(x_{max} - x_{min}) + y_{min} \tag{3-46}$$

式中，x 是采集到的数据；y 是映射后的数据。

2）基于 MapReduce 遗传训练 SVM

采用遗传算法对 SVM 进行训练，这个过程是一个二次规划的求解问题。根据图 3-24 的基于 MapReduce 的 GA 流程图，确定具体步骤如下：

（1）染色体编码。主节点（JobTracker）随机产生一个初始的支持向量机参数种群，按照基于 MapReduce 的并行遗传算法中二进制编码范围的分析，对所有参数进行编码，并作为本地文件上传到 Hadoop 上，保存到本地 HDFS。

（2）初始化种群。JobTracker 完成初始化种群，并将所有个体均分为多个子种群。设置遗传算法的基本参数，主要包括种群规模 m、染色体长度 n、最大进化代数 N，并将基本参数分配到从节点（TaskTracker）上去。

（3）种群分割。定义子种群编号为键，染色体为值。JobTracker 将种群分割为 M 个子种群，并分配到 M 个 TaskTracker 上去。

（4）适应度评价。调用 Map 函数，每个 TaskTracker 对其子种群进行适应度评价，得到每个个体的适应度值。JobTracker 将适应度值合并，判断是否满足条件，满足条件则解码，输出最优参数，否则进行步骤（5）。

（5）选择操作。JobTracker 读取中间结果文件的位置，传达给 Reduce，Reduce 接到指令后再到某个 DataNode 上去读取，然后调用 Reduce 函数，完成子种群的选择、交叉和变异操作，并产生新的子种群。

（6）反复执行步骤（4）、（5），直到满足条件为止。

3）基于 MapReduce 的 GA-SVM 算法

基于 MapReduce 和 GA-SVM 的短时交通流预测算法的流程如下：

（1）对采集到的大规模路网交通流数据样本进行预处理，确定输入样本和验证样本，并保存到本地磁盘 HDFS 上。

（2）JobTracker 将输入样本数据自动分割，并读取通过遗传算法优化得到的 SVM 参数，并连同输入样本数据一起分配到 TaskTracker 上去，此时，每一个 TaskTracker 具有一个小输入样本数据集。

（3）TaskTracker 调用事先定义的 Map 函数，根据预测函数对各自的小输入样本数据集进行预测，并输出预测结果。

（4）JobTracker 调用 Reduce 函数，对每一个小输入样本数据集的预测结果进行排序，输出整个路网的预测数据表，MapReduce 结束，算法终止。

综上所述，MapReduce 编程模式采取"分而治之"的思想，将样本数据分割成子种群，对于子种群分别通过 Map 函数和 Reduce 函数实现 GA 算法，用较短的时间训练 SVM，再利用训练好的 SVM 实现交通流预测，提高了算法的运行效率。

4）评价指标

在衡量所提出并行算法的预测精度时，选取的评价指标如表 3-13 所示，在衡量所提出并行算法的运行效率和性能时，选取的评价指标是运行时间和加速比。

表 3-13　评价指标

名　称	表　达　式
绝对相对误差	$RE = \mid y(t) - \hat{y}(t) \mid / y(t) \cdot 100\%$
平均相对误差	$MARE = \dfrac{1}{n} \sum\limits_{0}^{\infty} \mid y(t) - \hat{y}(t) \mid / y(t)$
最大相对误差	$MAXARE = \max \mid y(t) - \hat{y}(t) \mid / y(t)$
均方根误差	$RMSE = \sqrt{\dfrac{1}{n} \sum\limits_{0}^{\infty} \left[\hat{y}(t) - y(t)/y(t) \right]^2}$

$y(t)$：实际值；$\hat{y}(t)$：预测平均值；n：预测次数

3.2.3　交通参数预测的应用实例

1. 实验数据来源

交通数据来自 VISSIM 4.3 仿真软件。构建如图 3-25 所示的区域路网图，利用 VISSIM 仿真软件搭建仿真路网图，如图 3-26 所示。对区域路网内的所有路段安装检测器，检测器设置在交叉口前 30～40m 处，一共布置 34 台检测器。

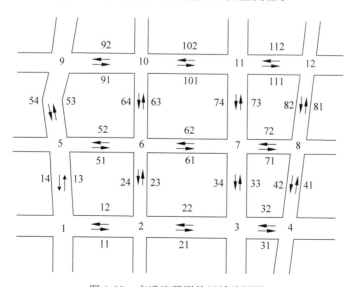

图 3-25　交通流预测的区域路网图

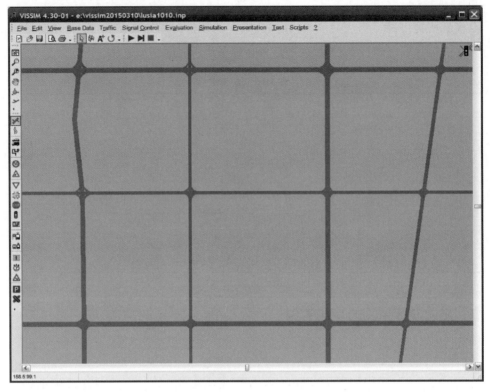

图 3-26　仿真路网图

仿真时间为 12000s，每 300s 采集一组交通流量数据，一共获得 40×34＝1360 组数据交通参数数据。

2. 路网时空相关性分析

首先对区域路网进行时空特征分析，按照聚类分析过程的步骤(1)，计算变量的相似系数矩阵，各检测器交通流量的相关系数矩阵如表 3-14 所示，表中检测器序号对应的路段如表 3-15 所示。

表 3-14　各检测器交通流量的相关系数矩阵

检测器号	0001	0002	0003	…	0032	0033	0034
0001	1.0000						
0002	0.9645	1.0000					
0003	0.9313	0.9645	1.0000				
0004	0.9123	0.8721	0.9786	…			
0005	0.8698	0.9547	0.9324	…			
0006	0.9523	0.9134	0.9231	…			

检测器号	0001	0002	0003	...	0032	0033	0034
0007	0.8824	0.8621	0.8912	...			
0008	0.9021	0.8945	0.8867	...			
0009	0.9133	0.9211	0.9221	...			
0010	0.9446	0.9678	0.9545	...			
0011	0.8045	0.8556	0.8678	...			
0012	0.7821	0.7767	0.7886	...			
0013	0.8967	0.8878	0.8911	...			
0014	0.9384	0.9456	0.9347	...			
0015	0.6557	0.6778	0.9589	...			
0016	0.5489	0.6645	0.8821	...			
0017	0.7324	0.7865	0.9012	...			
0018	0.8052	0.9456	0.9568	...			
0019	0.5867	0.6756	0.9648	...			
0020	0.5568	0.5678	0.9467	...			
0021	0.5978	0.6232	0.9578	...			
0022	0.6024	0.7878	0.9668	...			
0023	0.8347	0.8998	0.8847	...			
0024	0.8437	0.9645	0.9765	...			
0025	0.8343	0.9234	0.9411	...			
0026	0.9323	0.9212	0.9234	...			
0027	0.9123	0.9334	0.9101	...			
0028	0.9206	0.9232	0.9012	...			
0029	0.8324	0.8156	0.8123	...			
0030	0.8248	0.8345	0.8201	...			
0031	0.7927	0.8011	0.8123	...			
0032	0.7846	0.7856	0.7912	...	1.0000		
0033	0.7937	0.7845	0.7926	...	0.9678	1.0000	
0034	0.6231	0.7463	0.7498	...	0.9438	0.9847	1.0000

表 3-15 检测器序号对应的路段

检测器序号	路段	检测器序号	路段	检测器序号	路段
0001	1-2	0008	5-10	0015	3-7
0002	2-3	0009	10-5	0016	7-12
0003	3-4	0010	5-1	0017	12-7
0004	4-3	0011	2-6	0018	7-3
0005	3-2	0012	6-11	0019	4-8
0006	2-1	0013	11-6	0020	8-13
0007	1-5	0014	6-2	0021	13-8

续表

检测器序号	路段	检测器序号	路段	检测器序号	路段
0022	8-4	0027	7-6	0032	13-12
0023	5-6	0028	6-5	0033	12-11
0024	6-7	0029	10-11	0034	11-10
0025	7-8	0030	11-12		
0026	8-7	0031	12-13		

按照系统聚类分析方法实现流程的步骤(2)～(4),得到的聚类谱系图如图 3-27 所示。由此可见,路段 1-2、2-3、3-4、6-14、7-3 为相关性较强的一组,路段 1-5、6-5、2-6、7-6、6-11、11-10、5-10 为相关性较强的一组,路段 3-7、8-7、7-12、13-12 为相关性较强的一组,路段 11-6、5-6、6-7、12-7、7-8、13-8、8-4 为相关性较强的一组。

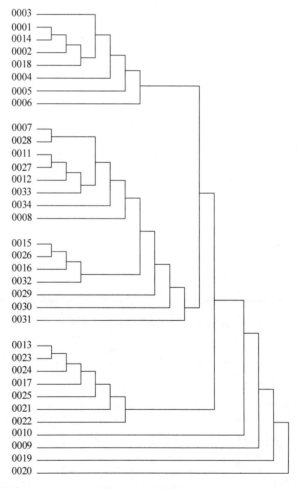

图 3-27　聚类谱系图

3. 实验设计

联合 JAVA 语言、MapReduce 并行程序设计方法、遗传算法和支持向量机开发了区域路网交通流并行预测程序,选择 8 台计算机搭建 Hadoop 并行测试平台,计算机的软件环境为 Redhat Enterprise Linux 5.0 虚拟机＋Hadoop0.17.1 和 JRE1.5＋JAVA,其中 1 台机器既作为主节点也作为从节点,其余 7 台机器只作为从节点。在主节点上安装和配置好 Hadoop0.17.1 和 JRE1.5,并通过 scp 命令将其部署到 7 个从节点上去。所选择的 8 台计算机配置都是双核 CPU,主频 2.60Hz,4GB 内存,配置千兆位以太网以保证并行节点之间互联畅通。各个节点的配置情况如表 3-16 所示。

表 3-16　节点的配置情况

节点编号	节点名称	IP 地址	配 置 软 件	说　　明
01	NameNode	192.168.0.2	JDK、SSH、Hadoop Eclipse 3.6.2	主节点,也是从节点 1
02	DataNode01	192.168.0.3	JDK、SSH、Hadoop	从节点 2
03	DataNode02	192.168.0.4	JDK、SSH、Hadoop	从节点 3
04	DataNode03	192.168.0.6	JDK、SSH、Hadoop	从节点 4
05	DataNode04	192.168.0.7	JDK、SSH、Hadoop	从节点 5
06	DataNode05	192.168.0.8	JDK、SSH、Hadoop	从节点 6
07	DataNode06	192.168.0.9	JDK、SSH、Hadoop	从节点 7
08	DataNode07	192.168.0.11	JDK、SSH、Hadoop	从节点 8

以路段 1-5 为例,对其进行短时交通流预测,实验分为 4 组:①串行 GA-SVM 模型实验,以路段 1-5、6-5、2-6、7-6、6-11、11-10、5-10 的历史流量(时空数据)为输入变量;②基于 MPI 的并行 GA-SVM 模型实验,取并行节点数为 2、4、6、8,以路段 1-5、6-5、2-6、7-6、6-11、11-10、5-10 的历史流量(时空数据)作为输入变量;③基于 MapReduce 的并行 GA-SVM 模型实验,取并行节点数为 2、4、6、8,以路段 1-5、6-5、2-6、7-6、6-11、11-10、5-10 的历史流量(时空数据)作为输入变量;④对于基于 MapReduce 的并行 GA-SVM 模型,确定并行节点数为 6,以路段 1-5 的历史流量(时间数据)作为输入变量。

4. 三种算法的比较分析

在 VISSIM 仿真获得的 40 组数据中,以前 6000s 得到的 20 组数据为输入样本,预测后 6000s 的流量。在对支持向量机参数进行优化时,并行节点数取 6,GA 的种群规模 $m=200$,最大进化代数为 400。分别采用串行 GA、基于 MPI 的并行 GA 和基于 MapReduce 的并行 GA 对支持向量机参数进行优化。需要指出的是,基于 MPI 地并行 GA 的基本思想也是"分而治之",这方面已有的研究成果很多,在此不再赘述。三种算法的参数优化结果如表 3-17 所示。

表 3-17　三种算法的参数优化结果

模　　型	C	ε	σ
串行遗传算法	105.23	0.016	0.89
MPI 遗传算法	102.45	0.021	1.22
MapReduce 遗传算法	100.01	0.015	0.72

对比基于 MapReduce 和 GA-SVM 短时交通流并行预测算法、基于 MPI 和 GA-SVM 短时交通流并行预测算法和串行 GA-SVM 算法的性能,从预测精度和运行效率两方面进行分析。

(1) 预测精度。以时空数据为输入,每种算法执行 20 次,对预测结果取平均值,得到预测结果和绝对相对误差曲线如图 3-29～图 3-32 所示(其中,并行算法的并行节点数为 6)。由图 3-28～图 3-31 可以看出,两种并行算法预测结果和实际值的拟合效果比串行好,MapReduce 并行算法得到的预测结果与实际值拟合的效果最好;当流量波动较大的情况下,MapReduce 并行算法的绝对相对误差相对稳定,说明采用 MapReduce 并行 GA 优化 SVM 参数以后,所得到模型的泛化能力较好。

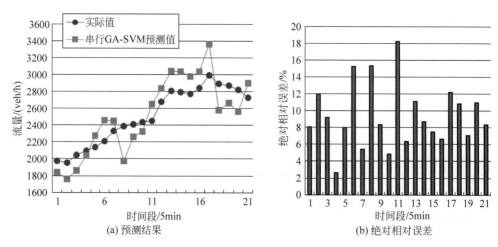

图 3-28　串行＋时空数据的预测结果

对比以时空数据和时间数据为输入的 MapReduce 并行 GA-SVM 算法的预测结果。图 3-31 是以时间数据为输入的 MapReduce 并行 GA-SVM 算法的预测结果,对比图 3-30 和图 3-31 表明,以时空数据为输入的 MapReduce 并行 GA-SVM 算法拟合效果较好,绝对相对误差的稳定性也较好。

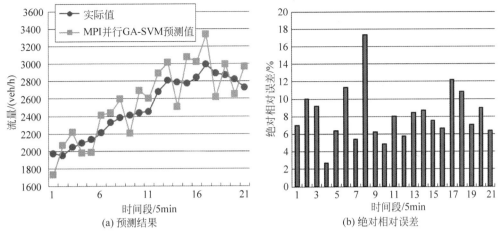

(a) 预测结果   (b) 绝对相对误差

图 3-29　MPI＋时空数据的预测结果

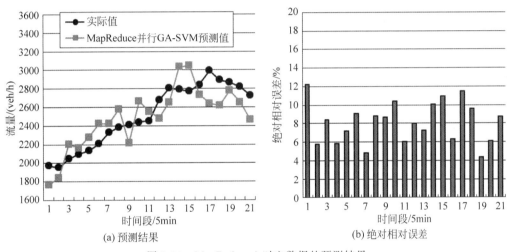

(a) 预测结果   (b) 绝对相对误差

图 3-30　MapReduce＋时空数据的预测结果

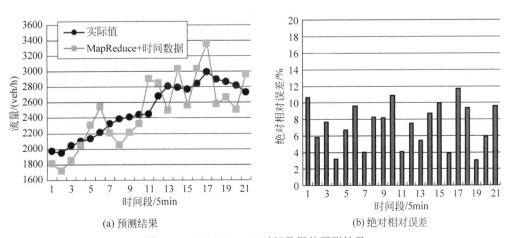

(a) 预测结果   (b) 绝对相对误差

图 3-31　MapReduce＋时间数据的预测结果

表 3-18 是以时空数据为输入的三种 GA-SVM 算法和以时间数据为输入的 MapReduce 并行 GA-SVM 算法的预测精度评价指标值。可以看出,以时空数据为输入变量的三种算法中,两种并行算法的评价指标值比串行算法的小,因此预测精度较高,因为 GA 的并行化弥补了其存在的缺陷,所以预测精度有所提高。

表 3-18 算法的评价指标值

算 法	MARE	MAXARE	RMRE
串行＋时空数据	0.0914	0.2217	0.0956
MPI＋时空数据	0.0881	0.1887	0.0887
MapReduce＋时空数据	0.0779	0.1651	0.0807
MapReduce＋时间数据	0.1012	0.2244	0.1024

此外,对比以时空数据和时间数据为输入的 MapReduce 并行 GA-SVM 算法的预测精度评价指标值,可以看出,以时空数据为输入的 MapReduce 并行 GA-SVM 算法的预测精度评价指标值较小,说明预测精度更高,验证了本章所提出的 MapReduce 并行 GA-SVM 短时交通流预测方法的有效性。

(2) 运行效率。图 3-32 是两种并行算法的运行时间对比图,从图中可以看出,在并行节点数为 2 的情况下,基于 MapReduce 并行 GA-SVM 算法的优势还没能够体现,因为节点数过少,Map 阶段会花费较多的时间。随着并行节点数的增加,MapReduce 并行 GA-SVM 算法的优势逐渐体现出来,运行时间减少的幅度变大,但是当节点数增加到 8 时,两种并行算法的运行时间减少的幅度都有变小的趋势,原因是随着节点数的增加,并行节点之间的通信负荷会逐渐加大,通信时间消耗增大。因此,在预测过程中根据数据规模的大小恰当地选择并行节点数,可以取得良好的性能比,节省资源,提高效率。

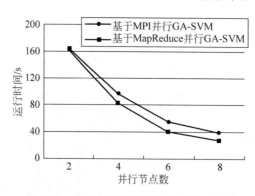

图 3-32 交通参数预测的运行时间对比图

图 3-33 是两种并行 GA-SVM 算法的加速比对比图。可以看出,随着节点数的增加,两种算法的加速比越来越大,而基于 MapReduce 的 GA-SVM 算法的加速比要明显高于基于

MPI 的 GA-SVM 算法，说明扩展性更好。当并行节点数为 8 时，基于 MapReduce 并行算法的加速比为 $S_8 = T_s/T_p = 182.42s/26.81s = 6.43$。由此可见，MapReduce 并行 GA-SVM 算法的运行效率比串行 GA-SVM 算法提高了 6.43 倍，验证了所提出的短时交通流预测方法的高效性。

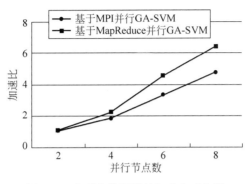

图 3-33　交通参数预测的加速比对比图

同理，也可以运用所提出的基于 MapReduce 并行 GA-SVM 算法得到未来时段其他交通参数的预测值。通过预测得到仿真时间段 10800～11400s 每一条路段的平均路段行程速度、路段饱和度、路段占有率、排队长度比的 34 组数据，如表 3-19 所示。

表 3-19　交通参数预测值

路段编号	平均路段行程速度	路段饱和度	时间占有率	排队长度比
1-2	38.15	0.717	0.360	0.179
2-3	36.67	0.632	0.330	0.356
3-4	21.83	0.629	0.553	0.623
4-3	40.26	0.636	0.303	0.148
3-2	39.48	0.611	0.296	0.141
2-1	39.70	0.602	0.291	0.136
1-5	32.47	0.726	0.429	0.121
5-10	39.89	0.645	0.310	0.135
10-5	39.67	0.671	0.325	0.139
5-1	39.67	0.608	0.249	0.141
2-6	25.99	0.776	0.229	0.546
6-11	5.95	0.889	1.149	1.213
11-6	39.38	0.873	0.170	0.156
6-2	38.50	0.881	0.175	0.168
3-7	15.27	0.755	0.948	0.893
7-12	7.22	0.753	2.012	1.145
12-7	38.59	0.590	0.293	0.168

路段编号	平均路段行程速度	路段饱和度	时间占有率	排队长度比
7-3	15.27	0.587	0.738	0.924
4-8	35.79	0.765	0.164	0.181
8-13	37.20	0.836	0.172	0.142
13-8	6.24	0.840	1.033	1.198
8-4	9.32	0.956	0.787	0.927
5-6	38.72	0.761	0.151	0.181
6-7	5.64	0.934	1.271	1.324
7-8	13.91	0.990	0.546	0.894
8-7	6.72	0.761	0.870	1.081
7-6	9.52	0.818	0.659	0.973
6-5	12.79	0.848	0.457	0.892
10-11	32.81	1.005	0.235	0.231
11-12	38.22	0.678	0.337	0.178
12-13	10.18	0.753	1.420	1.425
13-12	40.60	0.581	0.274	0.162
12-11	39.95	0.635	0.305	0.175
11-10	25.73	0.870	0.259	0.421

3.3　动态交通瓶颈预测

动态交通瓶颈常发生在早晚高峰期,是由于交通流的实时变化引起的,具有动态性、突发性、可预测性、可转移性。如果动态交通瓶颈不能得到及时疏导和治理,就会使交通拥堵迅速蔓延到相邻的交叉口或路段,可能会引发另一个动态交通瓶颈的形成,甚至发生"锁死"现象。因此,必须对动态交通瓶颈制定合适的交通控制与交通诱导策略,让交通拥堵不发生蔓延。

在对动态交通瓶颈制定交通控制与诱导策略之前,要对即将形成动态交通瓶颈的路段进行预测,从而指导动态交通瓶颈交通控制与诱导策略的制定。本章设计的动态交通瓶颈预测方法的具体实现流程如图 3-34 所示。

该流程的基本思想:以预测路段为研究对象,结合该路段和与其相关联路段的历史交通参数预测未来时段的交通参数,然后将交通参数的预测结果输入到动态交通瓶颈识别算法中,判别未来时段的交通状态,即预测未来时段的动态交通瓶颈。该流程中一个重要的

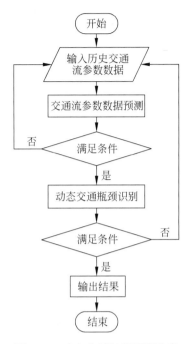

图 3-34　动态交通瓶颈预测流程

环节是交通流参数预测,对于交通流参数预测模型有很多,但是多数模型在预测因子的选取上没有考虑相邻路段对预测路段的影响,即忽略了交通流的时空特征,预测准确度有待提高;即使考虑了相邻路段对预测路段的影响,多数预测模型也基本是串行实现的,当路网规模庞大时,无法满足交通控制与诱导的实时性需求。

城市道路网络是一个复杂的大系统,具有时空关联性的特征,主要表现在一条路段的交通状态会影响与其相关联路段的交通状态。动态交通瓶颈在形成和演变的过程中,也受到相关联路段的影响。因此,为了提高动态交通瓶颈预测的准确性和高效性,本章在对交通流参数进行预测时,充分考虑了各种影响因素。一方面,从预测因子的角度考虑,结合与预测路段相关联路段的交通参数的影响,提高预测精度;另一方面,从预测模型的角度考虑,结合云计算实现并行的交通参数预测模型,提高交通参数预测的效率,从而满足动态交通瓶颈预测的实时性要求,为制定动态交通瓶颈控制与诱导协同策略奠定基础。

在交通流预测实例的基础上,运行 VISSIM 仿真软件记录下仿真时间段 10800～11400s 每条路段的交通状态,作为实际交通状态,与动态交通瓶颈预测结果作对比。将表 3-19 中的交通参数预测数据输入到动态交通瓶颈识别程序中,得到动态交通瓶颈的预测结果。动态交通瓶颈的预测结果与实际状态的对比表如表 3-20 所示。

表 3-20　动态交通瓶颈的预测结果与实际状态的对比表

路段编号	预测结果	实际状态	路段编号	预测结果	实际状态
1-2	畅通	畅通	7-3	瓶颈	拥堵
2-3	畅通	畅通	4-8	畅通	畅通
3-4	拥堵	畅通	8-13	畅通	畅通
4-3	畅通	畅通	13-8	瓶颈	瓶颈
3-2	畅通	畅通	8-4	瓶颈	瓶颈
2-1	畅通	畅通	5-6	畅通	畅通
1-5	畅通	畅通	6-7	瓶颈	瓶颈
5-10	畅通	畅通	7-8	瓶颈	瓶颈
10-5	畅通	畅通	8-7	瓶颈	瓶颈
5-1	畅通	畅通	7-6	瓶颈	瓶颈
2-6	畅通	拥堵	6-5	瓶颈	瓶颈
6-11	瓶颈	瓶颈	10-11	畅通	畅通
11-6	畅通	畅通	11-12	畅通	畅通
6-2	畅通	畅通	12-13	瓶颈	瓶颈
3-7	瓶颈	瓶颈	13-12	畅通	畅通
7-12	瓶颈	瓶颈	12-11	畅通	畅通
12-7	畅通	畅通	11-10	畅通	拥堵

第

4

章

云

计

算

在

交

通

信

号

控

制

中

的

应

用

本章要点

　　在一定的道路交通条件下,根据区域道路交通实际交通流状况,设计相适应的交通信号控制策略,才能取得较好的控制效果。本章主要阐述了交通信号控制方式和交通控制系统的基本理论,并提出了云计算在交通控制领域中的两个典型应用:一方面可以将云计算结合遗传算法,应用到交通控制系统中的绿信比优化中;另一方面可以将云计算结合模糊神经网络,应用到区域交通信号控制中,具有理论意义和应用价值。

4.1　交通信号控制

　　交通控制,也称为交通信号控制,是指采用交通信号控制设施对道路交通中的交通流进行控制,使各种交通流有序运行,缓解交通冲突,使道路交通系统更加顺畅。交通控制的对象是各种交通参与者,包括行人、车辆等,通过对他们进行合理的引导和控制来达到缓和交通拥堵、减少噪声和尾气污染及能源消耗的目的,提高交通的安全性和畅通性。

　　随着城市的发展,城市道路交通日益复杂,使交通控制区域不断扩大,交通控制路口数量不断增多;随着信息化进程的加快,使交通信息采集设备日渐多样化,采集到的交通数据种类和数量不断增加,给传统的交通控制系统带来了巨大的挑战,表现在3方面:第一,如何对海量交通信息进行采集、存储和处理;第二,如何快速、高效地处理海量交通信息,实时生成交通控制方案;第三,如何实现控制区域内路口之间的信息共享,实施区域协调控制。

传统的区域交通控制思想是将所有路口的交通信息集中到中心控制系统,再由中心控制系统进行协调控制,生成各个路口的交通控制方案,这样一来,随着路口的增多,对中心控制系统的计算、存储能力和处理速度的要求也越来越高,但是现有的计算机设备的计算能力有限,中心控制计算机系统的配置和设备改进速度远远赶不上城市交通的发展速度。同时,城市交通状况日益复杂,对交通控制系统实时处理和应对突发状况的处理能力要求更高,交通控制系统在交通量发生变化和突发事故造成交通拥堵的情况下,如何实时地调整交通控制策略,缓解拥堵,正是对交通信息的实时处理能力考验。因而,采用更加先进的计算机技术来实现交通信息的高效处理和传输,提高交通控制效果可以作为交通控制系统研究的重要内容。

为应对城市交通控制区域的不断扩大,交通信息的不断增加,交通控制系统从集中控制系统到分层控制到分布式系统,不断朝着智能化、分布式的方向发展,但是其研究成果和实时效果始终不尽如人意。尤其是在控制的实时性和协调性方面效果较差,究其原因始终是没有更好地实现子区、路口的信息交互。在某个路口或区域发生交通拥堵时,必须对相邻路口和区域的交通信号控制方案进行调整和实施交通诱导来控制进入路口和区域的交通量,缓解交通拥堵,一旦没有及时地进行协调控制,就会导致拥堵的范围和程度继续扩大。这就对区域的协调控制提出了更高的要求。

总的来说,如何快速地从海量数据中提取出有机制的信息,如何在短时间内对交通管理大量的业务数据进行快速处理,进行海量数据的存储、分析、处理、挖掘,实现路口信息的交互,这是交通控制发展亟须解决的问题。

4.1.1　交通信号控制方式

交通信号控制系统的发展已经有百年历史,在发展的过程中出现了手动控制、自动控制、无感应控制、感应控制、单点控制、干线控制、区域控制等控制方案。与此同时,交通信号控制原理也在不断演进,先后出现定时控制、感应控制、自适应控制,随着现代多种先进技术的产生,如人工智能、云计算、大数据技术等,使交通信号控制系统变得更加智能化,交通信号控制效果也更加显著了。

1. 定时控制

定时控制方式简单,因此在我国的三、四线城市得到了广泛的应用。定时控制,也称为定周期控制,是指交叉口的信号控制机按事先设定的配时方案运行。通过分析历史交通流数据,找出每个时段的交通流变化规律,然后采用人工或计算机仿真预先设计好每个时段的配时方案,并将这些方案保存在信号控制器或中心计算机中,从而实现交通信号控制。

这种控制方式可以通过日历钟在规定的时间表的控制下选择配时方案,也可以通过车辆检测器获得的实际交通流需求来选择配时方案。很显然,定时控制方式不能根据交通流状况实时地调整信号配时方案,因此在某种意义下很难实现最优控制,一般在接近交叉口通行能力的情况下才具有优越性。

根据一天内采用配时方案的多少,可将定时控制分为单点定周期控制和多段定周期控制。单点定周期控制是指一天都执行一套配时方案;多段定周期控制是指信号控制机可以根据不同时段的交通流量执行不同的配时方案,但并不是自适应式地调整配时方案,因此当交通流出现大的波动的情况下往往不适应,会产生交通拥堵。此外,随着路网和环境的变化,可能引起路网交通流的整体变化,这时需要对配时方案进行重新设计,以适应当前的交通状况。通常情况下,定时控制多用于交叉口,少数情况下用于线控和面控。

2. 感应控制

感应控制方式没有固定的周期长度和绿信比,在交叉口进口道上设有车辆到达检测器,通过检测器采集到的车流信息可以实时调整信号配时方案。感应控制方式可以分为半感应信号控制和全感应信号控制。半感应信号控制是指主要道路不设置检测器,只在次要道路上设置检测器。全感应信号控制是指交叉口所有的信号相位都是感应的,因此需要检测所有方向的交通流。

感应控制方式比较灵活,在交通领域具有很好的应用前景。半感应信号控制适用于车速比较低的交叉口。全感应信号控制优点较多,通常适用于交通需求和模式变化较大的交叉口。

3. 自适应控制

自适应控制也称为优化控制,是综合了计算机技术、通信技术、自动化技术的一种控制方式,能够连续测量其状态,如车流量、停车次数、延误时间、排队长度等,逐渐了解和掌握对象,把它们与希望的动态特性进行比较,并利用差值以改变系统的可调参数或产生一个控制,从而保证不论环境如何变化,均可使控制效果达到最优或次最优。交通工程师根据路段交通情况设定控制系统的交通控制性能指标(如延误最小、排队长度最短等),控制系统根据路段的交通检测装置采集的交通信息及性能指标,实时优化交叉口的信号配时方案,调整周期、绿信比、相位差等参数,更好地对交叉口进行控制。同时,交通信号机将检测到交通数据实时地通过通信网传至上位机,通过自适应实时控制,上位机能同时控制城市中某个区域内多个路口的信号机,实现区域内交叉口的协调控制,提高整个路网的通行效率。自适应控制在交通流量较低,路口处于低饱和状态时,其控制效果不错;当交通流量较高,路口处于饱和状态,存在大量排队时,控制效果会很不理想。

区域交通状态为拥堵时,以自适应控制作为区域交通信号控制策略,以延误和停车次数最小作为目标,在线生成交通信号控制方案。

根据交通信号配时方案的计算方式,自适应控制又可以分为离线方式和在线方式。

(1) 离线方式。交通信号配时方案离线方式是根据历史性的交通资料,如交通流量等数据脱机进行交通信号配时参数(包括周期、绿信比、相位差)的优化。然而,路网上交通状况不可能长期维持某一个固定模式。路网交通状况会随着车辆的增长、路网布局的变化、新交通设施的出现、交通管理对策和方式的改变以及土地使用状况的变迁而发生重大改变。这种改变可能是以突变的方式出现,也可能是一直能够持续的渐变过程。一旦这种改变发生,原来的配时方案将不再适应当前的交通状况。根据英国运输与道路研究所的调查研究,离线配时方案只适用 3~5 年,配时方案老化后,其效益将全部丧失,为此,不得不花费大量人力物力来更新配对方案。因此,离线方式只适用于交通状况变化不十分急剧的区域。

(2) 在线方式。根据实时检测到的交通状况自动选择配时参数,自动调整控制对策的控制方式。控制对策灵活性强,有实时交通信息反馈,能够响应任何交通状况,在一定程度上弥补了离线方式的缺点。

根据交通配合时方案优化的方式,自适应控制可以分为配时方案实时选择方式和配时方案实时生成方式。

(1) 配时方案实时选择方式。将定制的配时参数与交通量等级对照关系存储到中央控制计算机中,通过各个交叉口的车辆检测器反馈的车流量数据,自动选择对应的配时参数,并根据所选定的配时参数组合实行对路网交通信号的实时控制。

(2) 配时方案实时生成方式。该方式不需要事先存储配时方案,依靠存储在中央计算机的交通数学模型,根据反馈的实时交通数据对配时参数进行优化,优化以综合目标函数如延误、停车次数等的预测值为依托。因此,它可以保证整个路网在任何时段都在最佳配时方案控制下运行。同时,为避免控制方案的不正常波动,各项配时参数的优化调整均频繁和小步距地进行。

4.1.2 交通信号控制空间分类

交通信号控制方式从空间上划分为单点控制、干线控制(线控)、区域控制(面控)。

1. 单点控制

单点控制指路口依据本路口实际情况独立运行,而不考虑邻近交叉口影响,一般适用于相邻路口相距较远(两路口相距 800m 以外),线控无多大效果的交叉口,控制方式可以采用定时、感应或者自使用控制。单点控制是目前我国城市大多数路口采用的类型。

2．干线控制

干线控制适用于两个或以上交叉口距离不足以使车流完全疏散,当设置单点控制时,导致车辆常遇到红灯,运行不畅,时开时停,污染物排放增多的情况,是一种相邻交叉口协调控制的策略。它是基于绿波的理念,相邻交叉口的信号周期相同,主干道绿灯启亮时间错开一定时间,这样车辆通过干线交叉口时可以直接通过,提高道路通行能力和行车速度,减少延误。然而如果交通密度过大,绿波易导致拥堵和交叉口阻塞。

3．区域控制

区域控制是对区域所有交叉口实施信号协调控制,以达到区域最优的目标。各交叉口将交通数据实时传输给上位机,由上位机根据路网交通量的变化情况,实时调整配时方案。一般上位计算机控制区域内数十个路口,实现路网的统一调度和管理。有关区域控制系统的详细内容将在第 5 章进行介绍。

4.2　交通控制系统基本理论

在一个区域内,单个交叉口交通信号的调整会影响到相邻交叉口的交通流,而相邻交叉口的改变也会影响本交叉口的交通流,因而从整个系统整体最优的目标出发,需要根据交通流量协调各交叉口的信号配时,这就是区域协调控制。交通信号区域协调控制的目的是缓解目标区域内的交通压力,提高道路通行能力和通行效率,减少区域内交通拥堵程度和交通事故的发生,充分利用现有的交通硬件设施。

4.2.1　交通信号控制的基本概念

区域交通信号控制是指将一个区域内的若干交叉口视为一个整体,进行信号协调控制。在路网中,任何一条路段或交叉口只是整体结构的一部分或一个局部,显然当局部最优时,并不意味着全局最优。因此,要对整个路网采用最优协调控制,就必须将其整体作为对象,考虑它的全局最优问题。由此产生了交通网络的协调控制,简称区域协调控制或区域控制。

区域交通信号控制实际上是对区域范围内每个交叉口信号配时参数进行优化,因此必须准确把握和理解区域交通控制中的一些基本概念。下面介绍区域交通信号控制的基本参数。

1. 周期时长(Cycle Length)

将交通信号的红、绿、黄三种信号灯按照顺序依次点亮,这样一个循环的耗时即为信号周期,用 r 表示(单位为 s)。为了充分考虑驾驶员的生理心理承受能力,一般信号周期在30～200s 取值时间太短,容易造成等待车辆增加,交叉口通行能力得不到充分利用;时间太长,驾驶员又容易出现烦躁心理。可以看出,选取一个合适的周期长度具有重要意义。这都需要依据优化性能指标进行确定。

2. 信号相位(Signal Phase)

对于一组互不冲突的交通流同时获得通行权所对应的信号显示状态,将其称为信号相位。在空间上无法实现分离的地方(主要是在平面交叉口上),为了避免不同方向交通流之间的相互冲突,可通过在时间上给各个方向交通流分配相应的通行权。例如,为了放行东西向的直行车流且同时避免南北向的直行、左转车流与其发生冲突,可通过点亮东西向的绿灯信号,将通行权赋予东西向直行车流。信号相位是按车流获得信号显示时序来划分的,有多少种不同的时序排列,就有多少个信号相位。

3. 绿信比(Split)

在交通信号的周期中,绿灯时间在总的周期时间中所占的比例称为绿信比,指在一个周期内某一相位有效绿灯时间与信号周期长度之比,用 λ 表示。在实际情况下,需要充分依据所有交叉口的交通流量情况进行绿信比的确定。采取合理的绿信比可使得道路通行效率得到很大的提升。

4. 相位差(Offset)

相位差又称为时差,通常用 O 表示,单位为 s。相位差是针对两个相邻路口的同一相位而言的。相位差又可划分为两种类型,一种为绝对相位差,另一种为相对相位差。绝对相位差(Absolute Offset)是选取某一路口作为基准路口,其他各路口的信号灯的红灯(或绿灯)的终点(或起点)相对于该基准路口的信号红灯(或绿灯)的终点(或起点)的时间之差。相对相位差(Relative Offset)是指两相邻信号灯的红灯(或绿灯)的终点(或起点)的时间差。相对相位差等于两个信号灯的绝对相位差之差。在实际应用中,一般多用绿灯的起点或中点作为时差的标点,这种时差称为绿时差或绿灯起步时距。

5. 信号阶段(Signal Stage)

信号相位是周期性交替获得绿灯显示的,通过交叉口的“通行权”是依次轮流分配给各个相位的,"通行权"的每一次转换就称为一个"信号阶段"。一个周期内"通行权"交接几次,就是几个信号阶段。

4.2.2 交通信号灯设置依据

1. 交叉口设置信号控制的利弊

一般来说,当交通量增加到接近停车或让路标志交叉口所能处理的能力时,才考虑在这种交叉口上加设交通信号控制。由于让路标志、停车标志和信号灯控制具有不同的使用条件,各有利弊。因此,研究制定合理设置交通信号灯的依据是十分必要的。只有信号控制设置合理,才能产生良好的交通效益;反之,会造成不良后果。下面从两方面分别说明。

(1) 合理设置信号控制的交通效益。当设有停车或让路标志的交叉口的交通量接近其通行能力时,车流就会因运行受阻而大大增加车辆的停车次数与延误,特别是次要道路上的车辆,停车与延误更加严重。这时,把这种交叉口改为信号控制的交叉口可改善次要道路上的通车,提高交叉口的通行能力,减少停车与延误。

(2) 信号控制设置不当的弊端。不合理地将停车、让路标志交叉口改为信号控制交叉口,可能既起不到应有的控制效果,还会造成不良后果。从控制效果来看,改为信号控制交叉口后,就要为少量次要道路的车辆放绿灯,势必给主路车辆产生不必要的停车与延误,导致显著而又无谓的能源浪费与运行费用的增加。从交通安全角度来看,交通控制不是治理交通问题,尤其是交通安全问题的唯一途径。如果盲目设置,当次路绿灯期间长时间无车通行时,容易因主路驾驶员闯红灯而造成交通事故。从经济角度来看,信号控制交叉口通常要花费更多的安装和设备费用。

2. 设置交通信号控制的理论分析方法

停车、让路标志控制交叉口是否改为信号控制交叉口,主要应考虑两个因素:停车、让路标志控制交叉口的通行能力和延误。

(1) 停车、让路标志控制交叉口的通行能力。根据停车、让路标志控制交叉口的通车规则,次要道路上的车辆必须等主要道路车流间出现足够的可穿越空档时才能通过。因此,主要道路上的交通几乎不受相交道路交通的影响。若忽略左右转弯车辆的影响,则可以认为主要道路在这种交叉口进口道上的通行能力几乎和路段的通行能力一样。因此计算这种交叉口的通行能力时一般是假设主要道路车辆到达服从泊松分布,求出相应的次要道路进口道可以进入交叉口的最大交通量,即根据计算主要道路车流中可供次要道路车辆穿越的空档数来求出次要道路可以通行的最大交通量。当次要道路交通量接近这个最大可通行量时,次路交通便已严重拥堵,此时延误变得非常大。

应当说,上述方法只是确定了次要道路车辆穿越一条主要道路车流的最大通过量。实际情况,还要考虑主要道路上各向车流及次要道路对向车流对穿越车辆的影响,所以这是一个十分复杂的问题。据经济合作和发展组织(OECD)的报告,认为目前计算停车、让路标志控制交叉口通行能力最简便而又较可靠的方法是德国所采用的方法。

(2) 停车、让路标志控制交叉口的延误。次要道路交通量增长到一定程度时,车辆延误增加非常快。此时,若改为信号控制交叉口,可以有效地降低次要道路车辆的延误,但主要道路车辆的延误却不可避免地要增加。因此,可以通过对比改用信号控制前后主次道路上车辆总延误的大小来决定是否实行信号控制。

确定停车、让路标志控制交叉口的延误十分困难,这方面的研究成果虽然不少,但能真正实用的似乎还没有,主要研究方法是通过理论分析、计算机仿真或两者相结合进行。

交通量与延误是考察交叉口该使用何种控制方式的主要定量分析依据,但却不是唯一的依据,在实际工作中还需根据当地的具体条件进行综合分析才能得出正确的决策。

(3) 设置交通信号控制的依据。设置交通控制信号虽有理论分析的依据,但尚未成为公认的有效方法。加上世界各国的交通条件又各有差异,所以制定具体依据时的思路是:在理论分析基础上,考虑各自的实际交通状况而定。综合比较美、英、日三国的设置原则和依据,通常考虑的因素有以下几类:

① 机动车流量依据。交叉口任意若干小时(4h、8h 或 12h)中主要道路进口道车流量,次要道路进口道车流量,交叉口总流量,以及未来几年机动车流量。

② 停车延误依据。主要是高峰小时次路进口道车辆总停车延误的大小。

③ 行人(或学童)交通量依据。穿越交叉口主路的行人交通流量(或过街学童的批数和人数),及可供穿越的空当大小及数量。

④ 协调控制依据。考虑相邻交叉口协调控制的需要。

⑤ 交通事故依据。一年中发生人身伤害或财产损失的交通事故次数,并综合考虑信号控制对车流连续通行的影响,交叉口车流量和行人流量,以及提高交通安全的程度。

我国于 1994 年颁布实施的国家标准《道路交通信号灯安装规范》(GB 14886—1994),对我国道路交叉口和路段上交通信号灯的安装依据、安装方式和安装要求作出了规定。其中,对于信号灯的安装规定了如下依据:

① 当进入同一交叉口高峰小时及 12h 交通流量超过表 4-1 所列数值及有特别要求的交叉口可设置机动车信号灯。

② 设置机动车道信号灯的交叉口,当道路具有机动车、非机动车分道线且道路宽度大于 15m 时,应设置非机动车道信号灯。

③ 设置机动车道信号灯的交叉口,当通过行人横道的行人高峰小时流量超过 500 人次时,应设置人行横道信号灯。

④ 实行分道控制的交叉口应设置车道信号灯。

⑤ 在交叉口间距大于 500m、高峰小时流量超过 750 辆以及 12h 流量超过 8000 辆的路段上,当通过人行横道的行人高峰小时流量超过 500 人次时,可设置人行横道信号灯及相应的机动车道信号灯。

表 4-1 交叉口设置信号灯的交通流量标准

主道路宽度/m	主路交通流量/(辆/h)		支路交通流量/(辆/h)	
	高峰小时	12h	高峰小时	12h
<10	750	8000	350	3800
	800	9000	270	2100
	1200	13000	190	2000
>10	900	10000	390	4100
	1000	12000	300	2800
	1400	15000	210	2200
	1800	20000	150	1500

注:①表中交通流量按小客车计算,其他车辆应折算为小客车当量。

② 12h 交通流量为 7:00~19:00 的交通流量。

4.2.3 相位相序方案设计

1. 信号相位和信号配时的关系

无论采用何种控制模式,都需要根据交叉口的几何特性、交通状况进行信号相位方案的选择和信号配时参数的确定,信号相位方案及配时参数的合理与否决定了信号控制效果的优劣。

相位方案设计是信号设计的第一步,它直接影响交叉口交通流的安全性,以及交叉口的各项运行效益。美国道路通行能力手册 HCM 早已提出:"信号设计中最为关键的问题是选择一个适当的信号相位方案。"

配时参数优化是在相位方案设计的基础上进行的,根据进口车道配置、交通流情况来求解最优配时方案,最终达到提高交叉口实际通行能力、减少车辆通过交叉口的延误等目的。

交叉口相位方案和配时参数优化是信号控制方案设计的两个方面,属于定性和定量的关系,可用图 4-1 表示。只有在充分研究和采用最佳相位方案的前提下,利用配时参数优化模型,才能得到真正的最优控制方案,即最优解。否则,选用不适当的相位方案,再先进的配时模型也只能得到伪最优解。

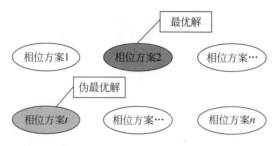

图 4-1　信号相位设计与配时设计的关系示意图

2. 信号相位相序设计步骤及考虑因素

相位方案是相位的组合方式,有必要从多个组合中选出最佳的相位方案。一般来说,交叉口形状越复杂,相位方案也越复杂。

相位选择可分为相位初选和相位调整两步。相位初选时,只能运用经验判断,通过画出交通流线,合并部分交通流来缩小可选范围,初步确定相位相序(Phase Sequence),并作为信号配时的基础。当信号配时完成后,将会对各参数进行试算评价,对相位进行必要的修正和调整,并重新评估,直至满足设计要求,形成最终方案。

确定信号相位时需要考虑以下几点:

(1) 交通安全。交叉口交通流之间的冲突是造成交通事故的一个重要原因,一般来说,增加相位数,减少同一相位中冲突方向交通流的数量,可以提高安全性。

(2) 交通效率。交叉口相位设计要提高交叉口的时间和空间资源的利用率。过多的相位数会导致相位交替次数增加,也即损失时间的增加,从而降低交叉口通行能力和交通效率。反之,太少的相位也会使交叉口因混乱而降低效率。

(3) 交通状况。交通状况包括机动车交通量、左右转率、车道饱和流率、大型车混入率、非机动车流量流向、横过行人数等。

(4) 交叉口几何条件。交叉口的限制条件包括交叉口的类型、进口道车道数、交叉口扩展车道的展宽长度、行人和自行车过街的组织形式(如是否采用二次过街的组织方式)。这些因素影响机动车左转专用相位的设置、车辆排队长度等。

(5) 协调控制的要求。为了保证协调控制效果,相同子区内的信号要具有一致性,各交叉口的相位相序须相互匹配,否则不利于驾驶员适应。

3. 信号相位设计规则

（1）机动车相位设计规则。机动车相位设计应以各车流的通行时间均衡作为主要判断逻辑，通过相互对比分析来确定。图 4-2 为十字交叉口机动车可选相位(实际反映相位绿灯放行部分)示意图。共有 5 种放行模式，①②③放行是东西向、南北向分别放行，将它们组合可形成基本方案。④⑤两种放行方式中包含东西向和南北向两种方向的车流，主要作为车流均衡调配所用，形成调配相位。比如南进口左转比北进口左转多，东进口直行比西进口直行多，可考虑在基本四相位方案(东西直行、东西左转、南北直行、南北左转)基础上，增加南进口⑤，从而实现流量均衡。其应用条件为：某个进口道的左转车流与逆时针邻接方向的直行与右转方向车流为重交通流。此时出口道少于进口道，要谨慎处理。一般来说，基本方案要优先于用来调配的特殊方案。

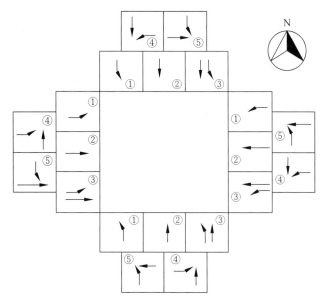

图 4-2 十字交叉口机动车可选相位示意图

下面分别对左、直、右车流进行讨论，并给出一些参考标准。应该说相位设计很难得出一个绝对的标准，需要凭借专家的丰富经验灵活判断。正因如此，美国道路通行能力手册 HCM 指出"信号相位设计是交通信号设计中最具创造性的部分"。

（2）左转信号相位设计规则。左转相位是交叉口交通管理与控制所面临的一个老问题，尽管交通信号控制领域从 1960 年就开始应用左转相位了，但还没有一套成熟方法来解决其设计问题。下面结合图 4-2 介绍常见的左转相位设计方法。

① 双向左转相位。双向左转相位，通常指相对向的两个进口左转车流同时利用左转保

护型相位完成左转,如图 4-2 中的东西①①组合。此方案的适用条件如下:进口左转车流都满足设置保护型信号相位的条件;东西(或南北)左转车流量大致相当。

所谓保护型左转(Protected Left-turn),是指左转车流单独设置相位,不受任何冲突交通流影响。此时通常需要在交叉口进口道设置左转专用车道。对于是否需要进行左转保护型相位设计,首先需要分析左转车流量,当左转车流达到一定数量时,考虑设置保护型相位,具体包括以下标准:当左转车与对向直行车小时流量乘积大于 100 000~150 000 时,需要考虑设置保护型左转相位;当左转车流与对向直行车流冲突而发生的交通事故次数达到每年 5 次以上时,考虑设置保护型左转相位;当左转车流对向的直行车流通过交叉口的速度达到 60km/h 以上时,考虑设置保护型左转相位。

② 左、直混行相位。所谓左、直混行相位,是指对某进口的直行和左转车流同时采取保护型相位,禁止与之相冲突的其他交通流。通常用于某条道路上相对向的左转交通量不均衡时,如采取双向左转相位,对交叉口的时空资源造成很大浪费。

以东西方向为例,当相对向的左转车流都满足设置保护型相位的条件;左转车流量差值在 75veh/h 以上;相对向的两进口直行车流量很大,但有所差异,单车道差值在 100veh/h 以上时,可按图 4-2 形成相位模式:东向③、西向③。此时可以不设左转专用车道,车道可以均衡利用,减少通行时间。也可利用直行车流(东西向②)作为过渡,减少相位交替的损失时间,提高交叉口的时空资源利用率。

③ 保护/许可型左转(Protective/ Permissive Left-turn)相位。保护/许可型左转相位也是为了充分利用交叉口有限的时空资源,而对某进口的左转车流先给保护相位通行,然后给予许可型相位。所谓许可型左转,是指左转车流穿过一个相冲突的行人流或对向的直行车流时,允许左转车流利用可接受间隙通过交叉口。

此时,对向进口往往先给许可型相位,再给保护型相位(当不满足设置左转保护型相位时,可只给许可型相位)。这种相位方案通常用于:左转车流量大,对向直行车流量不是很大,对向进口直行车道数不超过 2 条,如果提供完全的保护型左转相位会造成过长的信号周期。采用这种方案会大大减少左转车流的延误,提高交叉口通行能力。

(3)直行信号相位设计规则。直行相位的设计分为两个过程:①设置直行相位的判断规则,如果道路上没有直行交通流(如 T 形交叉口某一进口仅有左右转车流),需删去相应的直行相位;②直行相位的车道配置规则,为直行相位分配所有合适的车道,包括直行车道、混行车道等。

(4)右转信号相位设计规则。当红灯允许车流右转时,右转车流采取许可型相位完成右转,不需要右转保护型相位设计。特殊条件下需要对右转信号相位进行特别设计,具体如下:当某进口右转车流量在 300veh/h 以上,且具有右转专用车道时,如果相交道路方向左转信号相位设计中已经提供了保护型相位,可相应地设置右转保护型信号相位;当某进口人行横道上行人和非机动车流量总和超过每小时 1700 人时,会对右转机动车流有很大影响,需要进行右转保护型信号相位设计。

4. 非机动车、行人信号相位设计规则

由于非机动车流、行人具有启动快、速度低、运动轨迹随意性强、等待信号的耐心差等特点,因此,在进行相位设计时,既要对相互影响的机动车和非机动车、行人进行适当分离,增加交叉口的通行能力,又要考虑它们之间的差异,保证安全。

一般来说,右转的非机动车流对交叉口内其他方向的交通流影响甚微,在信号相位设计时可以忽略;直行的非机动车流可与同向直行机动车流安排在同一相位,共享通行权;左转的非机动车流对交叉口的行车安全、交通秩序和通行能力影响最大,需要认真处理,通常可以利用机动车双向左转相位,或者两个相交的直行相位实现左转。

对于行人,在与行人交通流交叉的车流速度较高,左右转车较多、危险性大的情况下,为安全起见,有必要设置行人专用相位。一些感应控制或路段行人过街处,也可以设置行人专用相位。

4.2.4 相序安排

信号相位设计不但要考虑相位组合,还要考虑相位的衔接问题。通常考虑以下几点:

(1) 对同一个交通流设置两个以上信号阶段时,在时间上应尽可能保证连续性,对于行人信号可不局限于此原则。

(2) 对同一进口道车流中不同流向交通流在不同信号相位放行时,尽可能保证它们所在信号相位的连续显示。

(3) 一向含直行车流的相位与另一向含直行车流的相位不宜连接。

(4) 一向含左转车流的相位与另一向含左转车流的相位不宜连接。

(5) 两向相位相序设计应尽量对称,便于驾驶员理解。

(6) 对于直行与左转机动车,应考虑左转车道可停放的车辆数。若到达的左转车辆超出该车道可停放的左转车辆数时,需先放行左转车;反之,则先放行直行车。在一般路口和有左转待候区的路口多是先放直行车,后放左转车。

(7) 若有特殊方案相位,其前后应尽可能衔接与特殊方案相容的基本方案。

4.2.5 区域交通控制系统的工作原理

图 4-3 是信号控制系统原理框图。信号控制系统根据交叉口的距离和关联性进行区域

划分,对区域交叉口以不同的交通模式实施对应的控制方案。其中,在识别路口交通模式的基础上,通过合并所有交叉口的交通模式来表示区域控制中心路网交通模式,根据路网交通模式设计共用周期时长及相位差,根据路口交通模式选择绿信比方案。

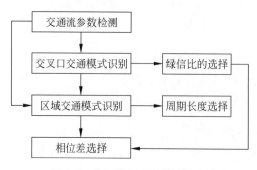

图 4-3　信号控制系统原理框图

（1）绿信比方案的选择。在区域控制系统中,针对各个交叉口可能的交通模式,利用单点鲁棒优化配时模型以交叉口为基本单元进行绿信比和周期时长优化,相序和相位是预先设定的。

（2）信号周期长度的选择。通过选择区域内周期最长的交叉口作为关键交叉口,将其周期时长作为区域控制系统的共用周期时长。

（3）相位差的选择。通过元胞传输模型,对区域信号控制相邻交叉口之间的相位差进行优化,生成不同模式的相位差方案,将其存储到中央监控中心计算机中,根据区域实时交通模式识别,调用不同相位差方案。

4.2.6　区域交通控制方法

实现区域协调控制的方法归纳起来主要有两种:一种是分级控制的思想,即通过将控制的目标区域划分成小的子区,再对各个子区进行控制,最后协调各个子区,从而达到整个大区域实现协调控制的目的,城市交通区域智能协调控制系统常采用多级递阶的层次结构。另外一种是采用一些人工智能算法,以某个交通参数作为优化目标来优化整个区域内的交通。

按控制结构划分可以分为集中式控制和分层式控制。

图 4-4 显示了集中式区域信号联动控制结构。

1. 集中式控制

在一个控制中心直接对区域内的所有交叉口进行集中的信号控制。它的优点是研发建立简单,使用维护方便,所需的设备也较少。但是由于要将所有交叉口的交通数据传输

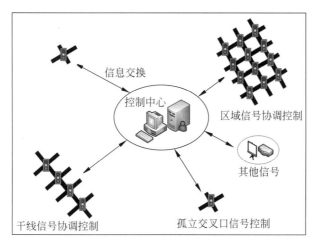

图 4-4　集中式区域信号联动控制示意图

到中央控制机,它的通信十分复杂,所需存储的数据量巨大。因而在使用集中控制时我们需要考虑监控和控制的实时单元数量,以及通信线路的费用和控制方法的灵便性。

2. 分层控制

分层控制的结构是将整个控制系统分成上下层控制,上层控制根据下层控制提供的决策信息进行分析,根据系统战略控制目标修改下层控制决策,下层控制根据上层修改后的决策,对控制方案进行调整。上层控制又称为战略控制,下层控制称为战术控制。

图 4-5 显示了分层控制系统结构。

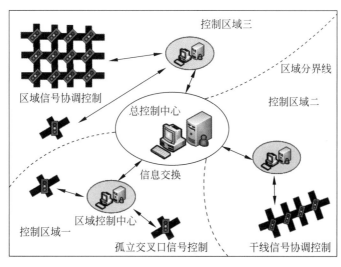

图 4-5　分层式区域信号联动控制示意图

第一层：交叉口层也是微观层，一般由信号机进行控制。它主要进行交通数据的收集和上传，接受分控中心下达的控制命令并执行，同时监视设备的运行情况。

第二层：分控中心也称为中观层。它的功能主要是接收信号机上传的数据并进行处理上报中央控制中心，形成方案并下发至信号控制机执行。

第三层：中央控制中心也称为宏观层。它监视整个系统的运行，进行宏观交通管理和决策及下达特殊方案。

它的优点是降低了通信的费用，增强了可靠性，同时实时处理能力较强，控制方法也十分灵活。但是这种控制方式对设备要求较高，投资成本高，同时设备运营维护复杂，控制过程也较为复杂。

4.3 信号交叉口运行效率评价指标

一般来说，信号交叉口的控制效果是由延误、停车次数、通行能力和饱和度 4 个基本参数来衡量的。这些参数不仅反映车辆通过交叉口时的动态特性，同时它们也作为交叉口信号配时参数优化的依据，用于建立优化模型和目标函数。换言之，信号配时参数优化的目标就是在一定的道路条件下，配以适当的周期时长，让通行能力稍高于交通需求，并且使得通过交叉口的全部车辆总延误时间最短或停车次数最少。

当然，除了上述四项基本评价指标以外，还有一些其他评价指标，例如，车辆运营费用（包括燃油消耗、轮胎和机械磨损）、废气排放量、噪声污染、运营成本（计入乘客旅程时间折合的经济价值等）以及安全舒适程度的差异等。但这些都是由上述四项基本评价指标派生出来的次级参数，即以延误时间和停车次数为自变量的函数，常称作"辅助参数"。

4.3.1 主要评价指标

1. 信号交叉口车辆延误

信号交叉口车辆延误（Delay）是反映驾驶员不舒适性和受阻程度，评价信号交叉口的运行效率和服务水平的重要度量。延误是一个影响因素十分复杂的指标，通常应以现场观测的延误数值为准。当精确度要求不是特别高时，也可通过理论模型来进行大致估算。下面分别探讨孤立交叉口和协调控制延误计算模型。

1) 孤立交叉口延误模型

对于孤立交叉口控制，常用的延误模型分为稳态理论延误模型、定数理论延误模型和过渡函数延误模型。

（1）稳态理论(Steady-state Theory)延误模型。稳态理论延误模型适合于交通负荷较低的情况,模型的建立基于如下基本假定:①车辆平均到达率在所取的时间段内是稳定不变的;②交叉口进口断面的通行能力在所研究时段内为常数,且到达率不能超过通行能力;③车辆受信号阻滞所产生的延误时间与车辆到达率的相关关系在整个时间段内不变;④对整个时段 T 而言,车辆到达和离去保持平衡,个别周期内可以出现车辆过饱和排队。

20 世纪 60 年代,Webster、Akcelik、Miller、Ohno 等利用理论推导、计算机仿真等方法,分别给出了多种稳态延误模型,这些延误模型计算结果相差甚微。其中,Webster 延误模型最为常用,如式(4-1);而 Akcelik 的公式则较为简洁,如式(4-2)。

$$\bar{d} = \frac{C(1-\lambda)^2}{2(1-y)} + \frac{x^2}{2q(1-x)} - 0.65\left(\frac{C}{q^2}\right)^{\frac{1}{3}} x^{(2+5\lambda)} \tag{4-1}$$

式中,$\bar{d}$ 为交叉口某相位车辆平均延误(s/pcu);C 为信号周期长度(s);λ 为相位绿信比;y 为相位流量比;x 为相位的饱和度;q 为车辆到达率(pcu/h)。

式(4-1)中的第一项表示车辆的到达率为恒定值时产生的正常相位延误,即均衡延误(Uniform Delay);第二项和第三项则表示车辆的到达率随机波动时产生的附加延误,即随机和过饱和延误(Random and Oversaturation Delay)。当饱和度较低时,第二项和第三项所占的比重很小,可忽略不计。但随着饱和度的增加,第二、三项对计算结果的影响就越来越大了。

$$\bar{d} = \frac{C(1-\lambda)^2}{2(1-y)} + \frac{N_s x}{q} \tag{4-2}$$

式中,$\bar{d}$ 为交叉口某相位车辆平均延误(s/pcu);C 为信号周期长度(s);λ 为相位绿信比;y 为相位流量比;N_s 为平均滞留车辆数。

$$N_s = \begin{cases} \dfrac{1.5(x-x_0)}{1-x}, & x > x_0 \\ 0, & x \leqslant x_0 \end{cases} \tag{4-3}$$

$$x_0 = 0.67 + \frac{Sg}{600} \tag{4-4}$$

式中,S 为饱和流率(pcu/h);g 为有效绿灯时间(s);x 为相位的饱和度;q 为车辆到达率(pcu/h)。

（2）定数理论(Deterministic Theory)延误模型。定数理论的延误模型适合于高度饱和交叉口车辆延误的计算,它将过饱和排队作为一种确定的情况来考虑。这类模型的建立,基于以下几条基本假定:①车辆到达率在一段时间内为一恒定值,且大于交叉口通行能力;②在绿灯初始时刻车辆排队长度为 0;③采用固定信号配时,故在观察时间段内通行能力为一常数；④过饱和排队长度随时间的延伸而直线增加。

代表性的定数延误模型有 May 在《交通流理论》(1965)和他与 M. Keller 合著的《定数排队模式》中提出的定数延误模型。此后,Kimber 等又进一步研究了该延误模型。

在整个观察时段 T 内,每一辆车的平均延误时间 $\bar{d}$ 为

$$\bar{d} = \frac{Qr}{2q} + \frac{N_d}{q} \tag{4-5}$$

式中,$\bar{d}$ 为每一辆车的平均延误时间(s);Q 为该进口方向通行能力(pcu/h);r 为红灯时长(s);q 为车辆到达率(pcu/h);N_d 为平均过饱和排队车辆数,即某进口方向上所有车道排队车辆总和。

$$N_d = \frac{(q-Q)T}{2} + \frac{(x-1)QT}{2} \tag{4-6}$$

式中,x 为相位的饱和度;T 为观测时段长(h)。

过饱和延误模型前一部分是在饱和度 $x=1$ 的情况下车辆的"均衡延误部分",第二部分则是"过饱和延误部分"。

(3) 过渡函数(Transient Function)延误模型。过渡函数延误模型是为弥补稳态理论曲线和定数理论曲线的适用范围不足而建立起来的,最初是由 Whiting 提出,1979 年 Kimber 与 Hollis 又在此基础上给出了过渡函数的详细推导过程。它以定数函数曲线(实际上是一直线)作为其渐近线,其平均延误计算公式为

$$\bar{d} = \begin{cases} \dfrac{C(1-\lambda)^2}{2(1-y)} + \dfrac{N_0 x}{q}, & x < 1 \\[3mm] \dfrac{r}{2} + \dfrac{N_0 x}{q}, & x \geqslant 1 \end{cases} \tag{4-7}$$

式中,$\bar{d}$ 为每一辆车的平均延误时间(s);C 为周期时长(s);λ 为相位绿信比;y 为相位流量比;N_0 为平均过饱和滞留车队长度(pcu),即

$$N_0 = \begin{cases} \dfrac{QT}{4}\left[(x-1) + \sqrt{(x-1)^2 + \dfrac{12(x-x_0)}{QT}}\right], & x > x_0 \\[3mm] 0, & x \leqslant x_0 \end{cases} \tag{4-8}$$

式中,Q 为交叉口通行能力(pcu/h);T 为时间段(h);x 为饱和度;$x_0 = 0.67 + \dfrac{Sg}{600}$;$S$ 为饱和流率(pcu/h);g 为有效绿灯时间(s);q 为车辆到达率(pcu/h);r 为红灯时长(s)。

在 TRANSYT(8)中,N_0 采用的为上限值计算式(参数意义同前,以下相同),即

$$N_0 = \frac{QT}{4}\left[(x-1) + \sqrt{(x-1)^2 + \frac{4x}{QT}}\right] \tag{4-9}$$

2）协调控制延误模型

与独立运行的交叉口一样,实行协调控制的交叉口对车辆的延误也由3部分构成,即正常延误、随机延误及过饱和延误。计算正常延误时,需用车辆驶入与驶出图式进行。此时,车辆的到达率不再是一个常数,而是一个时变的函数式。这是由于任意一个交叉口的任一进口车流,都是由上游交叉口的放行时间和放行率决定的。对于随机和过饱和延误,由于实行协调控制,各个周期间车流随机波动程度远小于孤立控制,故延误值减少。根据Robson 和 Akcelik 的研究结论,此时仍然可以采用过渡函数模型,但其中过饱和车辆排队长度应采用下式代替式(4-8):

$$N_0 = \begin{cases} \dfrac{QT}{4}\left[(x-1)+\sqrt{(x-1)^2+\dfrac{6(x-x_0)}{QT}}\right], & x > x_0 \\ 0, & x \leqslant x_0 \end{cases} \quad (4\text{-}10)$$

其上限值计算模型从式(4-9)变为

$$N_0 = \frac{QT}{4}\left[(x-1)+\sqrt{(x-1)^2+\frac{2x}{QT}}\right] \quad (4\text{-}11)$$

2. 停车次数(Number of Stops)

众所周知,信号交叉口总有一部分车辆在到达停车线之前会由于红灯或排队,而不得不减速甚至停车。同延误一样,停车次数通常也可通过模型来估算。

1）孤立交叉口停车率模型

（1）稳态理论停车率模型。Webster 和 Akcelik 先后研究了稳态理论条件下的停车率计算模型。其中,Akcelik 的模型是在 Webster 的模型基础上进行的改进。

$$\bar{h} = f\left(\frac{(1-\lambda)}{1-y}+\frac{N_s}{qC}\right) \quad (4\text{-}12)$$

式中,$\bar{h}$ 为某一相位的每辆车平均停车次数;f 为考虑了部分车辆不完全停车的停车率校正系数,通常取 0.9;λ 为绿信比;y 为流量比;N_s 为在不饱和交叉口,平均过剩滞留车队长度。

$$N_s = \frac{e^k}{2(1-x)} \quad (4\text{-}13)$$

式中,$e=2.718$;$k=-1.33\sqrt{Sg}(1-x)/x$;x 为饱和度;q 为车辆到达率(pcu/h);C 为周期时长(s)。

（2）定数理论停车率模型。根据 May,Keller 和 Kimber 等的研究结论,过饱和交叉口车辆停车率为

$$\bar{h} = 1 + \frac{N_d}{Sg} \tag{4-14}$$

式中, $\bar{h}$ 为过饱和交叉口车辆停车率; N_d 为平均过饱和滞留车辆数,即

$$N_d = \frac{(x-1)QT}{2} \tag{4-15}$$

式中, x 为饱和度; Q 为进口方向通行能力(pcu/h); T 为研究的时段(h); S 为饱和流率(pcu/h); g 为有效绿灯时间(s)。

(3) 过渡函数曲线停车率模型。对上述两式进行协调变化,可得到过渡函数曲线停车率计算模型:

$$\bar{h} = f(h_u + h_0) \tag{4-16}$$

式中, $\bar{h}$ 为交叉口车辆停车率; f 为考虑了部分车辆不完全停车的停车率校正系数,通常取 0.9; h_u 为正常阻滞部分的停车率。

$$h_u = \begin{cases} \dfrac{1-\lambda}{1-y}, & x < 1 \\[2mm] 1, & x \geqslant 1 \end{cases} \tag{4-17}$$

式中, λ 为绿信比; y 为流量比。 h_0 为随机与过饱和停车率,即

$$h_0 = \begin{cases} \dfrac{QT}{4Sg}\left[(x-1) + \sqrt{(x-1)^2 + \dfrac{12(x-x_0)}{QT}}\right], & x > x_0 \\[2mm] 0, & x \leqslant x_0 \end{cases} \tag{4-18}$$

若取停车率的上限值,则

$$h_0 = \frac{QT}{4Sg}\left[(x-1) + \sqrt{(x-1)^2 + \frac{4x}{QT}}\right] \tag{4-19}$$

2) 协调控制下的停车率模型

协调控制下停车率的计算也分为 3 部分,其中正常相位停车率计算和延误类似,通过车流的流量图式求出。过饱和阻滞部分停车率计算模型由式(4-18)调整为

$$h_0 = \begin{cases} \dfrac{QT}{4Sg}\left[(x-1) + \sqrt{(x-1)^2 + \dfrac{6(x-x_0)}{QT}}\right], & x > x_0 \\[2mm] 0, & x \leqslant x_0 \end{cases} \tag{4-20}$$

其上限值计算模型由式(4-19)调整为

$$h_0 = \frac{QT}{4Sg}\left[(x-1) + \sqrt{(x-1)^2 + \frac{2x}{QT}}\right] \tag{4-21}$$

3. 信号交叉口的通行能力

信号交叉口的通行能力(Capacity)是指不同方向的车流通过平面交叉路口时可能通过的最大车流量。信号交叉口的通行能力与信号配时设计有密切的关系。下面分别研究信号相位的通行能力和整个交叉口的总通行能力。

1) 信号相位的通行能力

某一信号相位车流通过交叉口的最大允许能力(即单位时间内该相位能够通过交叉口的车辆总数),取决于饱和流率值(S_i)以及该相位所能获得的有效绿灯时间占整个周期的比例(g_i/C),可表示为

$$Q_i = S_i \frac{g_i}{C} \tag{4-22}$$

式中,Q_i 为相位 i 允许通行能力(pcu/h);S_i 为相位 i 饱和流率(pcu/h);g_i/C 为相位 i 的绿信比,常用 λ_i 表示,即 $\lambda_i = g_i/C$。

为了提供足够的相位通行能力,通行能力 Q_i 和到达率 q_i 必须满足

$$Q_i > q_i \tag{4-23}$$

也即

$$S_i g_i > q_i C \quad \text{或} \quad \lambda_i > y_i \tag{4-24}$$

2) 交叉口的总通行能力

所谓交叉口的总通行能力,就是指一个交叉口对于各个方向(或相位)全部车辆所能提供的最大允许通过量。如果一个交叉口具有足够的通行能力,那么对于信号交叉口的每一相位都可以建立一个不等式(4-23),将所有关键相位的不等式合并,便可以得到整个交叉口的总通行能力应该满足的关系式为

$$\lambda > Y \tag{4-25}$$

$$\lambda = \sum_{i=1}^{n} \lambda_i = \frac{C-L}{C} = \frac{\sum_{i=1}^{n} g_i}{C} \tag{4-26}$$

$$Y = \sum_{i=1}^{n} y_i \tag{4-27}$$

式中,λ 为交叉口关键相位绿信比之和;Y 为交叉口关键相位流量比之和;i 为关键相位,$i=1,2,\cdots,n$;λ_i 为相位 i 的绿信比;C 为周期时长(s);L 为交叉口周期损失时间(s);g_i 相位 i 的有效绿灯时间(s);y_i 为相位 i 的流量比。

在一定的道路条件下,信号控制交叉口的通行能力主要受信号周期时长的影响。一般

来说,周期时长越长,通行能力越大。

4. 饱和度(Saturation Degree)

饱和度是反映交叉口通行"供求"关系的参数。饱和度分为相位饱和度和交叉口的总饱和度。

1) 相位饱和度

相位饱和度是一个信号相位的实际流率 q_i 与通行能力 Q_i 的比值,也等于流量比 y_i(反映交通需求)与绿信比 λ_i(反映交通供给)的比值,用 x 表示,即

$$x = \frac{q_i}{Q_i} = \frac{q_i C}{S_i g_i} = \frac{y_i}{\lambda_i} \tag{4-28}$$

2) 交叉口的总饱和度

交叉口的总饱和度是指饱和程度最高的相位所达到的饱和度值,而并非各相位饱和度之和,用 X 表示。对整个交叉口来说,若 $X < 1$,则全部相位的饱和度也都小于 1。这意味着这个交叉口将在不饱和状态下运行,否则该交叉口将处于饱和或过饱和状态。

理论上,交叉口的饱和度只要小于 1 就应该能满足各方向车流的通行要求。但是,当交叉口的饱和度接近 1 时,交叉口的实际通行条件将迅速恶化,更不必说等于或大于 1 了。因此我们必须规定一个可以接受的最大饱和度限值,即饱和度的"实用限值"。

实践证明,饱和度实用限值 x_p 定在 0.8~0.9,交叉口就可以获得较好的运行条件。如果饱和度的实用限值定得过低,势必要扩大交叉口的平面尺寸才能满足一定的交通量要求,从而增加建设投资,这是不经济的。英国学者 Webster、Cobbe 曾建议采用 0.9 作为饱和度的实用限值。在实际设计工作中,可以对不同的相位或不同的车流赋以不同的 x_p 值,以便给予某些相位或车流(如主路车流或公交车流)以优先权,而对另外一些相位或车流的通行加以限制。在某种特定的条件下,例如交通量很大,而交叉口周围的环境条件又较差,为减少交叉口建设投资,可以采用更高的限值——饱和度实用极限值 0.95。但这时交叉口的运行状况是比较差的,即车辆延误时间长,停车次数多,排队长度也增长。

4.3.2 辅助评价指标

主要评价指标往往并不能反映阻滞作用的全部后果。为此,还应建立车辆燃油消耗,尾气排放量及安全舒适性等辅助参数的定量分析方法。

Akcelik 给出的辅助参数一般表达式如下:

$$E = f_1 L_s + f_2 D + f'_3 H \tag{4-29}$$

式中,E 为某项辅助参数,例如燃油消耗量(l/h);f_1 为正常行驶状态下的单位指标,如每

辆车行驶 1km 所耗燃油量(l/(veh·km));L_s 为总行程,即行驶里程与交通流率之乘积 (veh·km/h);f_2 为怠速状态下的单位指标,如一辆车每小时的耗油量(l/(veh·h));D 为全部车辆的总延误时间(veh·h/h);f'_3 为修正后的一次完全停车状态下的额外单位指标,如额外耗油量(l/(veh·次));H 为每小时内所有车辆完全停车次数之和(veh·次/h)。

根据 Robson 等的实验研究,耗油量最省的方案不是延误时间最少的方案,也不是停车次数最少的方案,而是一个中间方案。由于延误时间和停车次数之间也存在某种相关关系,Akcelik 提出了利用停车补偿系数的研究方法。但是,停车补偿系数的大小,取决于配时设计者对停车次数和延误时间的关心程度,系数确定需要有大量的比较切合当地交通与车辆特性的实测数据,目前这方面研究还不够深入。

4.4 基于云计算的绿信比优化方法

以混合遗传算法作为路口智能体的计算模型,对信号配时中的参数绿信比进行优化。在交通信号控制系统中,信号配时方案的优化是提高控制效果的重要途径。传统的优化方法如枚举法、启发式算法、梯度法、爬山法、模拟退火法等在优化过程中,容易出现局部最优解。遗传算法与传统的优化方法的区别在于:①自组织、自学习、自适应性;②遗传算法的本质并行性;③遗传算法不需要求导或其他辅助知识,而只需影响搜索方向的目标函数和相应的适应度函数;④遗传算法强调概率转换规则,而不是确定的转换规则;⑤遗传算法可以更加直接地应用;⑥遗传算法每次迭代产生接近最优值的一群解,而不是像传统的优化方法每次迭代只产生一个解。

4.4.1 遗传算法简介

遗传算法(GA)是一种基于自然选择原理和遗传学机制求解问题的有效并行的全局搜索算法。它从任一初始化的群体出发,通过选择、交叉和变异等遗传操作,使群体一代一代地集中于搜索空间的越来越好的区域,直至抵达最优点。遗传算法包括 3 个重要遗传操作,如图 4-6 所示。

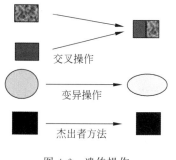

交叉(Crossover)操作:子代由一对父代通过交叉获得。

变异(Mutation)操作:父代通过随机改变获得子代。

杰出者方法(Elite Method):父代中具有最好适应度值的个体自动保留到子代。

图 4-6 遗传操作

4.4.2　混合遗传算法

梯度法、爬山法、模拟退火法等一些优化算法具有很强的局部搜索能力,而另一些含有问题相关的启发知识的启发式算法的运行效率也比较高。融合这些优化方法的思想,构成一种新的混合遗传算法(hybrid genetic algorithm),是提高遗传算法运行效率和求解质量的一个有效手段。目前混合遗传算法实现方法体现在两方面,一是引入局部搜索过程,二是增加编码变化操作过程。在构建混合遗传算法时,De Jong 提出下面 3 个基本原则:①尽量采用原有算法的编码;②利用原有算法全局搜索的优点;③改进遗传算子。混合遗传算法的基本构成框架如图 4-7 所示。混合算法中的遗传算子——交叉算子、变异算子、选择算子的作用是宏观搜索,处理的是大范围搜索问题;而传统数值优化算法的作用是极值局部搜索,即微观搜索,处理的是小范围搜索和搜索加速问题。

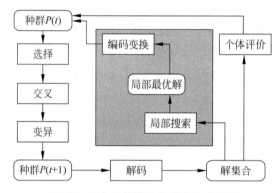

图 4-7　混合遗传算法的基本构成框架

4.4.3　优化目标函数

路口智能体的计算模型采用混合遗传算法,以绿信比的优化为例进行计算。
以延误最小为优化目标函数:

$$d = \frac{qC(1-u)^2}{2(1-y)} + \frac{x^2}{2(1-x)} \tag{4-30}$$

$$D = \sum_{i=1}^{n} d_i \tag{4-31}$$

式中,$0<u<1$,且 $\sum_{i=1}^{n} u_i = 1$;D 为路口各相位总延误时间;d 为相位车辆总延误时间;C 为周期时长;u 为绿信比;y 为流量比;x 为饱和度;n 为相位个数。

该优化是含有等式和不等式约束的极小值问题,引入外惩罚函数法将其构造成带参数的辅助目标函数,把问题转换为求解无约束非线性规划问题。

4.4.4　惩罚函数法

惩罚函数法求解约束非线性规划问题的思想是,利用问题中的约束函数作出适当的惩罚函数,由此构造出带参数的辅助目标函数,把问题转换为求解一系列无约束非线性规划问题,所以也叫作序列无约束极小化方法(Sequential Unconstrained Minimization Technique,SUMT)。

在目标函数中,外惩罚函数法对违反约束条件的点加入相应的“惩罚”,而对满足约束条件的点不予“惩罚”,迭代点一般在可行域的外部移动,随着迭代轮数的增加,“惩罚”也愈加增大,以迫使迭代点向可行域接近。

一般地,对如下非线性规划问题:

$$\min f(x)$$
$$\text{s. t.} \begin{cases} h_j(x)=0 & (i=1,2,\cdots,m) \\ g_i(x)\leqslant 0 & (j=1,2,\cdots,l) \end{cases} \tag{4-32}$$

$g(x)=(g_1(x),\cdots,g_m(x))T,h(x)=(h_1(x),\cdots,h_l(x))T,$可行域 $X=\{x\in E^n \mid g(x)\leqslant 0, h(x)=0\}$。

式中,T 为研究时段。

定义惩罚函数

$$\alpha(x)=\sum_{i=1}^m \phi[g_i(x)]+\sum_{j=1}^l \psi[h_j(x)] \tag{4-33}$$

式中,ϕ,ψ 为连续函数,且满足:

当 $y\leqslant 0$ 时,$\phi(y)=0$;当 $y>0$ 时,$\phi(y)>0$;

当 $y=0$ 时,$\psi(y)=0$;当 $y\neq 0$ 时,$\psi(y)>0$。

通常,取函数 $\phi(y)=[\max\{0,y\}]^p$,$\psi(y)=|y|^p$,其中 p 为严格正数,惩罚函数 $\alpha(x)$ 为

$$\alpha(x)=\sum_{i=1}^m \max\{0,g_i(x)\}^p+\sum_{j=1}^l \mid h_j(x) \mid^p \tag{4-34}$$

称 $f(x)+\mu\alpha(x)$ 为辅助函数,μ 为罚参数。可以想见,只有罚参数 μ 无限增大时,相应的辅助目标函数的无约束非线性规划问题 $\min\limits_{x\in E^n} f(x)+\mu\alpha(x)$ 的最优解才可能接近于原问题的最优解。

实际计算中,罚参数 μ 的值选得过小、过大都不好。如果 μ 的值选得过小,则辅助函数

的极小点远离原问题的极小点,计算效率很差;如果 μ 的值选得过大,则给辅助函数的极小化增加了计算上的困难。因此,一般要先选取一递增且趋于无穷的正罚参数列 $\{\mu_k\}(k=1,2,\cdots)$,在做出外惩罚函数列的基础上,有

$$\mu_k a(x) = \mu_k \sum_{i=1}^{m} [\max\{0, g_i(x)\}]^2 + \mu_k \sum_{j=1}^{l} [h_j(x)]^2 \tag{4-35}$$

构造辅助目标函数列,把问题归为求解一系列无约束非线性规划问题,即

$$\min f(x) + \mu_k a(x) \tag{4-36}$$

随着 μ_k 的值的增加,辅助函数中惩罚函数项所起作用越来越大,即对脱离可行域 X 的点的惩罚越来越重,这就迫使辅助函数的极小点 x^k 与可行域 X 的"距离"越来越近。当 μ_k 趋于无穷大时,点列 $\{\mu_k\}(k=1,2,\cdots)$ 就从可行域外部趋于原问题的极小点(假设该点列收敛)。

外惩罚函数法可以用来求解凸规划或非凸规划的问题,对于只含等式约束、只含不等式约束或同时含有等式约束和不等式约束的问题都适用。同时,由于辅助函数 $f(x) + \mu a(x)$ 是在整个 E^n 空间内进行优化,初始点可与任意给定。

外惩罚函数法的步骤如下:

(1) 选取初始数据。选取初始点 x^0,罚函数 $\mu_1, \beta > 1$,给出检验终止条件的误差 $\varepsilon > 0$,令 $k := 1$。

(2) 构造辅助目标函数。按式(4-34)做出外惩罚函数,并构造辅助目标函数

$$P_{\mu k}(x) = f(x) + \mu_k \sum_{i=1}^{m} [\max\{0, g_i(x)\}]^2 + \mu_k \sum_{j=1}^{l} [h_j(x)]^2$$

(3) 求解无约束非线性规划。选用某种无约束非线性规划方法,以 x^k 为初始点求解 $\min P_{\mu k}(x) = \min f(x) + \mu_k a(x)$,设得到最优解 x^{k+1}。若 $\mu_k a(x) < \varepsilon$,则停止迭代输出 x^{k+1};否则,令 $\mu_{k+1} = \beta \mu_k, k := k+1$ 转步骤(2)。

4.4.5 基于 MR 和混合遗传算法优化绿信比

1. 交叉口的各向流量、饱和流量、饱和度

交叉口的各向流量如图 4-8 所示。流量的单位为 vph,直行饱和流量为 1900veh/h,左转饱和流量为 1805veh/h。直行饱和度为 0.96,左转饱和度为 0.28。

2. 交叉口的信号阶段

该路口分为 4 个信号阶段,如图 4-9 所示,即式(4-31)中的 n 取 4。

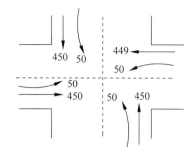

图 4-8 交叉口的各向流量

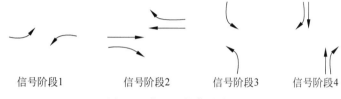

信号阶段1 信号阶段2 信号阶段3 信号阶段4

图 4-9 交叉口的信号阶段

3. 绿信比优化方法的实现

混合遗传算法的适应度评价、选择运算、交叉运算和变异运算都具有独立性,因此,可以将一个种群分为多个小种群,并分别分配到每台机器上独立执行这些操作。采用云计算的 MapReduce 并行编程模型对混合遗传算法进行优化,使混合遗传算法实现并行性,可以提高绿信比优化的速度和准确度,及时有效地提供给交通信号控制系统,根据交通状况,实时调整交叉口和整个路网的交通信号配时参数,从而提高整个路网的交通运行效率,改善交通运行状况。

编码:采用二进制编码。

适应度函数:将式(4-31)运用外惩罚函数法将其构造成带参数的辅助目标函数,作为适应度函数。

选择算子:采用轮盘堵方法。

交叉算子:单点交叉。

变异算子:Gaussian 变异。

优化过程:首先采用并行遗传算法在全局进行搜索优化,然后以优化后的终点为起始点,运用 patternsearch 函数进行局部优化,即运用混合遗传算法进行优化计算以获得最优解。

4.5　基于云计算的区域交通控制方法

交通信号区域联动控制是城市交通控制的主要方法。随着车辆数量和种类的增加,导致交叉口的交通控制复杂性不断增大,现有的交通信号区域联动控制系统已经无法满足实时性需求,无法做出快速准确的交通信号调整,必须将先进的科学技术应用到区域交通信号控制中。云计算具有计算速度快、负载均衡等特点,为解决上述问题提供了契机,因此本节研究基于云计算的区域交通控制方法。本节在充分分析交通信号控制策略特性的基础上,结合模糊神经网络,提出了一种能够实时响应区域交通状态的基于云计算的区域交通信号控制策略选择方法。

4.5.1　模糊神经网络简介

模糊神经网络(Fuzzy Neural Network,FNN)是智能控制领域的一个活跃的分支,它结合了模糊理论和人工神经网络技术的优点,因此具有强大的自学习能力,可以很好地表达和处理模糊信息。模糊神经网络技术是指人类的经验和知识进行数字化的模糊化处理,把规则和推理转换成神经网络的映射处理并直接从数据库样本中提取经验规则,然后把这两种转换结合起来进行智能信息处理和智能控制的技术。模糊集理论与神经网络技术的结合有其一定的数学基础,神经网络系统可以作为一般的函数估计器,而模糊系统可作为一种结构型数字估计器,因而它们都具有一般自适应模型无偏估计器的作用,具有相同的正规数学特性,且享有同一状态空间。这样,神经网络能实现模糊逻辑推理,同时利用相应的模糊系统来初始化神经网络结构,从而神经网络的学习速度得到了大大的提高。

模糊神经网络作为具有一定的处理定性与定量知识的技术与方法,可充分利用模糊逻辑所具有的较强的结构性知识表达能力和神经网络强大的自学习与定量数据的直接处理能力。从模糊信息处理角度,自从模糊集合理论提出至今,有关模糊信息处理的理论应用研究已取得了重大的进展。但是,作为模糊信息处理的核心"模糊规则的自动提取"及"模糊变量基本状态隶属函数的自动生成"问题,却一直是困扰模糊信息处理技术进一步推广的两大难题。同时,虽然以非线性大规模并行处理为主要特征的神经网络技术近年来取得了进展,但是在传统的神经网络模型中,其神经元大多数是两态的,而在一些可取连续值的神经元中,其整合函数则多数是线性的。当模糊神经网络作为函数逼近器使用时,其逼近误差与隐含层的节点数成反比,并且它的函数逼近精确度与输入变量数无关,这样就有效地避免了单个方面的不足。

将模糊技术与神经网络技术进行有机结合,可有效发挥各自的优势并弥补不足。模糊技术的特长在于逻辑推理能力,容易进行高阶的信息处理。将模糊技术引入神经网络,可大大地拓宽神经网络处理信息的范围和能力,使其不仅能处理精确信息,也能处理模糊信息或其他不精确性信息,不仅能实现精确性联想及映射,还可实现不精确性联想及映射,特别是模糊联想及模糊映射。神经网络在学习和自动模式识别方面有极强的优势,采取神经网络技术来进行模糊信息处理,则使得模糊规则的自动提取及模糊隶属函数的自动生成有可能得以解决,使模糊系统能够成为一种自适应模糊系统。

1. 模糊神经网络类型

前向型模糊神经网络是可实现模糊映射关系的模糊神经网络。这类网络由模糊化网层、模糊关系映射网层和去模糊化网层构成。

反馈型模糊神经网络主要是可实现模糊联想存储与映射的网络。有时,也称其为模糊联想存储器。与一般反馈型神经网络所不同的是,反馈型模糊神经网络中的信息处理单元不是普通的阈值神经元,而是模糊神经元,它所实现的模糊联想与存储,比一般的联想与映射具有更大的吸引域和容错能力。

2. 模糊神经元

模糊神经网络的重要组成部分是模糊神经元,可通过特殊权值把它们连接起来,构成模糊神经网络的模型结构。因而有必要对模糊神经元进行很好的描述和构建,再进一步研究其模型形式,以达到更有效地发挥它们的各自长处。

(1)模糊化神经元,是一类可将观测值或输入值定量化或标准化的神经元。它接受离散或连续的、确定或模糊的单元输入,而输出是由系统模糊定量基本状态隶属函数所确定的标准化的值。当系统模糊变量基本状态隶属函数比较复杂时,模糊神经网络中模糊变量基本状态的模糊化常采用模糊化网层来实现。

(2)去模糊化神经元,这种类型的神经元是以"分布值"表示的输出结果以"确定值"的形式输出的信息处理单元,整合功能包括"映射"与"逼近"。有时,具有特定整合功能的去模糊化函数不易给出,可选用取最大值方法和取质心方法。Kandel 和 Friedman 根据最典型值(MTV)的概念,提出了反模糊的新方法。

(3)模糊逻辑神经元,是多输入/单输出类型的神经元,其输入/输出关系为

$$u_i = I_i(x_1, x_2, \cdots, x_m, w_{i1}, w_{i2}, \cdots, w_{im}) \tag{4-37}$$

$$y_i = f(u_i - \theta_i) \tag{4-38}$$

式中,I_i 为模糊逻辑函数或模糊集合函数,其具体形式可以根据实际情况和需要确定,可以是加权求和、S 运算中的任何一种(如先取大后取小的合成,先求积后取大的合成,先取小后

求和的合成等）。

模糊神经网络是全部或部分采用各类模糊神经元构成的一类可处理模糊信息的神经网络系统。模糊神经元应具有一般神经元的功能，同时能反映神经元的模糊性质，具有模糊信息处理能力。

3. 模糊神经网络的学习方法

一个模糊神经元可以通过权的修正来进行学习改进其性能，在模糊神经元中还可以利用所谓"躯体"修正，即对神经元体的结构进行修改，可改变规则，改变分配给模糊子集的隶属度函数，改变表示规则的方式（各种累积、蕴含算子）等。利用以上几种模糊神经元可以在一定程度上将模糊逻辑和神经网络的优势结合起来，实现一个更为有效的信息处理工具。

模糊神经网络的训练算法可以充分借鉴神经网络的各种学习算法，包括 Hebb 学习、误差修正型学习及竞争型学习等方法。文献[42]给出了具有正态模糊网络参数的前馈式模糊神经网络及其改进学习算法，提出了一种效率更好的 FBP 学习算法。在此算法中，采用近似模糊推理技术来确定网络的学习率、动量因子、加速系数 3 个学习参数，使得这些学习参数在网络的学习过程中根据学习时间的长短、误差大小及误差变化情况，进行动态调整，从而提高学习效率。Wang 提出了包括模糊逻辑系统的反向传播学习算法、正交最小二乘学习算法、表格查询学习算法、最近邻类学习算法，较好地解决了从输入/输出数据中归纳模糊规则的问题。模糊逻辑系统的反向传播学习算法与神经网络 BP 算法基本相同，向前计算，向后调整，而且均采用迭代下降算法使实际输出和期望输出之间的均方误差最小。但 Wang 的算法中的参数有明确的物理意义，因此可以充分利用专家的领域知识提出非常有效的初始参数选择方法，有利于在试验和误差反馈过程中进行判断。

区域交通控制状态是区域交通信号控制策略选择及实施的依据，不同的交通控制状态对应于不同的交通信号控制策略。交通控制状态的判别，选择区域饱和度和区域平均车速作为区域交通控制状态的指标参数，以其不同的取值作为区域交通信号控制策略选择的依据。

根据各种控制策略适用情况、模拟试验以及实际工程中的经验总结，区域交通信号控制策略选取方法如下：

在区域饱和度较小，区域平均速度高时，采用单点感应控制，以减少车辆的延误和行程时间为目标，在线生成交通信号控制方案。

在区域具有中等饱和度，速度较高时，采用自适应协调控制，以延误和行程时间为目标，在线生成交通信号控制方案。

在区域饱和度较高,速度较低时,采用定时协调控制,以通行能力最大和饱和度最大为目标,离线生成交通信号控制方案。

4.5.2 模糊神经网络模型

构建的 FNN 模型的输入为区域交通状态特征参数,先用模糊数学的方法,构造各种特征参数相应于每种交通状态的隶属度,为此建立如图 4-10 所示的 5 层结构 FNN 模型。

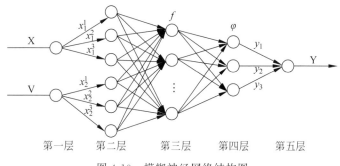

图 4-10 模糊神经网络结构图

第一层为网络的输入层,由 2 个神经元组成,输入检测器采集的交通参数数据,计算得到区域交通状态特征指标的精确值,即将网络的输入信号 $x = [X, V]^T$ 传送到下一层。

第二层为隶属度确定层,根据确定的隶属函数,计算各输入分量属于每种交通状态的模糊集合的隶属度,完成输入分量的模糊化。

第三层为模糊推理层,利用模糊推理法对模糊规则进行推理,实现模糊输入和模糊输出之间的映射。

第四层是网络输出层,输出隶属度表示的输出向量。

第五层是解模糊化层,根据最大隶属度原则,从输出的模糊集合中,选择隶属度最大的元素作为判决结果,即选择隶属度最大的交通信号控制策略。

4.5.3 模糊神经网络学习算法

FNN 的学习算法采用改进的附加动量因子的神经网络算法。神经网络算法的学习过程由正向传播和反向传播组成。在正向传播过程中,输入信息从输入层经隐层逐层处理,并传向输出层,每层神经元的状态只影响下一层神经元的状态。如果在输出层不能得到期望的输出,则转至反向传播,将误差信号(理想输出与实际输出之差)按连接通路反向计算,由梯度下降法调整各层神经元的权值,使误差信号减小。

1. 信息的正向传递

第三层中第 i 个神经元的输出为

$$c_i = f(\omega_{ij}b_j + \theta_j), \quad i = 1,2,3,\cdots,m \tag{4-39}$$

第四层中第 k 个神经元的输出为

$$d_k = \varphi(\upsilon_{jk}c_j + \gamma_k), \quad k = 1,2,3,\cdots,n \tag{4-40}$$

定义误差函数

$$E = \frac{1}{2}\sum_{k=1}^{n}(d'_k - d_k)^2 = \frac{1}{2}\sum_{k=1}^{n}\left[d'_k - \varphi(\upsilon_{jk}c_j + \gamma_k)\right]^2$$

$$= \frac{1}{2}\sum_{k=1}^{n}\left\{d'_k - \varphi\left[\sum_{i=1}^{m}\upsilon_{jk}f\left(\sum_{j=1}^{l}\omega_{ij}b_j + \theta_j\right) + \gamma_k\right]\right\}^2 \tag{4-41}$$

式中，ω_{ij} 为第二、三层神经元之间的连接权值；θ_j 为第三层神经元阈值；υ_{jk} 为第三、四层神经元连接权值；γ_k 为第四层神经元阈值。

2. 附加动量的权值变化及误差的反向传播

第四层的权值、阈值变化为

$$\Delta\upsilon_{ki}(k+1) = (1-\alpha)\eta\delta_k c_i + \alpha\Delta\upsilon_{ki}(t) \tag{4-42}$$

$$\delta_k = (d'_k - d_k)\varphi \tag{4-43}$$

第三层的权值、阈值变化为

$$\Delta\omega_{ij}(t+1) = (1-\alpha)\eta\lambda_i b_j + \alpha\Delta\omega_{ij}(t) \tag{4-44}$$

$$\lambda_i = e_i f', \quad e_i = \sum_{k=1}^{n}\delta_k\upsilon_{ki} \tag{4-45}$$

$$\Delta\theta_i(t+1) = (1-\alpha)\eta\lambda_i + \alpha\Delta\theta_i(t) \tag{4-46}$$

式中，α 为附加的动量因子；η 为网络学习速率自适应的调整参数。

根据样本数据输入网络进行训练，观察网络的收敛速度和输出值误差，进行比较后，f 选取正切 Sigmoid 函数，即

$$f(x) = (1 - e^{-x})/(1 + e^{-x}) \tag{4-47}$$

在式(4-43)中，φ 选取对数 Sigmoid 函数。

4.5.4 基于模糊神经网络的区域交通信号控制方法

1. 模糊神经网络算法的并行化

人工神经网络具有非线性描述、大规模并行分布处理能力及高鲁棒性和学习与联想等

特点,适用于非线性时变大系统的模拟与在线控制。模糊神经网络是把人工神经网络和模糊控制的优点进行有机结合,采用人工神经网络进行模糊信息处理,可使得模糊规则的自动提取及模糊隶属函数的自动生成成为可能,从而克服神经网络结构难以确定以及模糊控制无自学习能力的缺点,使模糊系统成为一种自适应的模糊系统。随着数据规模的不断增大,神经网络的训练时间会逐渐增长,算法的效率变低。MapReduce 并行编程模型为大数据集的处理提供了分布式计算环境,采用 MapReduce 对神经网络进行并行化处理,可以提高神经网络的时间效率和测试效率。

通过 Map 函数和 Reduce 函数实现对 BP 神经网络内部的自动并行运行,在大大缩短样本训练时间的同时,进而提高了训练的精度。

1) Map 函数阶段

根据输入逐层计算网络实际输出,并将实际输出与期望输出相比较,计算网络学习误差,然后根据学习误差计算网络中各连接权值的更新量。

输入:样本 id,样本特征值;

输出:样本对应权值 ω,权值更新量 $\Delta\omega$;

BP-Map(样本 id,样本特征值)

{

//对每个样本计算网络各层输出;

计算网络学习误差;

对每个连接权值 ω,计算权值更新量 $\Delta\omega$;

输出(ω,$\Delta\omega$);

}

2) Combine 函数阶段

调用 MapReduce 并行编程模型的 Combine() 函数,对 Map 阶段产生的中间结果进行合并处理,进而减小算法的通信开销。主要函数设计如下:

输入:键值对 $<\omega,\Delta\omega>$;

输出:键值对 $<\omega',\Delta\omega'>$;

Combine $<\omega,\Delta\omega>$

{

初始化变量 count$=$0; //统计训练样本的数目

//对每个训练样本解析并处理 $\Delta\omega$ 的各维坐标值;

count$\leftarrow$count$+$1; $\omega'\leftarrow\omega$;

收集所有 ω 相同的键值对,进行本地归约,得到 $\Delta\omega'$;

输出 $\omega', \Delta\omega';$

}

3）Reduce 阶段

Combine()函数的结果输出,然后统计所有权值相同的样本的总体更新量和平均更新量,并更新网络权值。

Reduce 函数设计如下:

输入:Combine 函数的输出:$<\omega', \Delta\omega'>;$

输出:$<\omega', \Delta\omega'>;$

BP-Reduce$(\omega', \Delta\omega')$

{

累加所有 ω' 相同的样本的 $\Delta\omega'$,得到 $\sum\limits_{i=1}^{n} \Delta\omega;$

计算每个权值的平均更新量;

输出 $<\omega', \sum\limits_{i=1}^{n} \Delta\omega / n>;$

}

BP 神经网络一直重复上述 Map 和 Reduce 任务,直至误差满足规定的精度或达到迭代次数为止。

2. 训练样本的选取

区域交通信号控制方法的验证数据来自 VISSIM 仿真软件,仿真路网图如图 4-11 所示。该路网共 12 个交叉口,其中交叉口 6、8 为两相位,其余均为三相位。该路网共 17 条双向路段,1-2-3-4、1-5-9、3-7-11 和 9-10-11-12 均为双向 6 车道,在交叉口进行了渠化,分为左、直、右车道,采用固定配时的信号控制方式,各交叉口的信号周期根据实际情况分别给定,每个信号周期内总损失时间为 12s,每一车道流量由小到大依次递增,以采集不同的道路交通状态数据。交通流由大车和小车两类车辆构成,其中小车比例为 90%,大车比例为 10%。左转、右转及直行的比例为 15∶20∶65。

通过 VISSIM 仿真采集平均路段行程速度、路段饱和度、时间占有率、排队长度等交通状态参数。仿真时长 27000s,采集数据间隔 300s,共采集到 3060 条交通状态参数数据。利用下述方法计算区域饱和度和区域平均行程速度。

（1）区域饱和度。首先将区域内所有路口分为 5 类,分别为主—主路口、主—次路口、主—支路口、次—支路口和次—次路口。计算每类路口的平均饱和度:

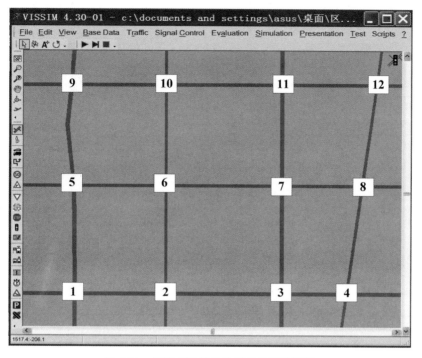

图 4-11　区域交通信号控制的仿真路网图

$$X_i = \frac{\sum_{j=1}^{A_j} x_{ij}}{A_i} \tag{4-48}$$

式中，X_i 表示区域内第 i 类路口的饱和度均值；A_i 表示区域内第 i 类路口的总数；x_{ij} 表示区域内类型为 i 的第 j 个路口的交通饱和度；i 取值范围为 $1\sim5$，分别代表主—主路口、主—次路口、主—支路口、次—支路口和次—次路口。

在此基础上计算区域路口饱和度为

$$X = \frac{\sum_{i=1}^{5} X_i \theta_i}{\sum_{i=1}^{5} \theta_i} \tag{4-49}$$

式中，X 表示区域路口饱和度；θ_i 表示与路口类型相对应的权重系数，根据专家经验，与 5 种路口类型相对应的权重系数分别为 0.4、0.2、0.15、0.15、0.1。

（2）区域平均行程速度，即

$$V = \frac{\sum l_i \times v_i}{\sum l_i} \tag{4-50}$$

式中，V 表示区域平均行程速度；i 表示区域内路段编号；v_i 表示浮动车采集的路段 i 的平均行程速度值；l_i 表示路段 i 的长度。

区域交通控制的训练数据如表 4-2 所示。

表 4-2　区域交通控制的训练数据

序号	区域平均饱和度	区域平均行程速度	交通信号控制策略
1	0.112	41.23	感应控制
2	0.316	38.24	感应控制
3	0.423	38.18	感应控制
4	0.503	36.87	自适应控制
5	0.537	35.94	自适应控制
6	0.565	35.42	自适应控制
7	0.598	35.1	自适应控制
8	0.648	33.52	定时控制
9	0.742	31.27	定时控制
10	0.773	29.24	定时控制
11	0.813	26.39	定时控制
12	0.821	25.46	定时控制

3. 隶属函数的确定

以 VISSIM 软件仿真得到的模拟数据作为历史交通参数数据，利用第 3 章介绍的并行模糊 C 均值聚类算法，对包含各种交通状态的历史数据进行聚类分析，得到各种交通状态的聚类中心矩阵，构建区域交通状态的隶属函数。

1）区域平均速度的隶属函数

$$u_1(x) = \begin{cases} 1, & x \geqslant 39 \\ \dfrac{x}{6} - \dfrac{33}{6}, & 33 < x < 39 \\ 0, & \text{其他} \end{cases} \tag{4-51}$$

$$u_2(x) = \begin{cases} 0, & \text{其他} \\ \dfrac{39}{6} - \dfrac{x}{6}, & 33 \leqslant x \leqslant 39 \\ \dfrac{x}{5} - \dfrac{28}{5}, & 28 < x < 33 \end{cases} \tag{4-52}$$

$$u_3(x) = \begin{cases} 0, & \text{其他} \\ \dfrac{33}{5} - \dfrac{x}{5}, & 28 < x < 33 \\ 1, & x \leqslant 28 \end{cases} \tag{4-53}$$

2）区域平均饱和度的隶属函数

$$u_1(x) = \begin{cases} 1, & x \leqslant 0.28 \\ \dfrac{0.53-x}{0.15}, & 0.28 < x < 0.53 \\ 0, & \text{其他} \end{cases} \tag{4-54}$$

$$u_2(x) = \begin{cases} 0, & \text{其他} \\ \dfrac{x-0.28}{0.15}, & 0.28 \leqslant x \leqslant 0.53 \\ \dfrac{0.80-x}{0.27}, & 0.53 < x < 0.80 \end{cases} \tag{4-55}$$

$$u_3(x) = \begin{cases} 0, & \text{其他} \\ \dfrac{x-0.53}{0.27}, & 0.53 < x < 0.80 \\ 1, & x \geqslant 0.80 \end{cases} \tag{4-56}$$

根据确定的隶属函数，经计算可得到初始训练数据对应于每种交通状态的隶属度。对于交通信号控制策略隶属度的确定，以每种交通状态所最适于采用的交通信号控制策略的隶属度为 0.9，其余交通信号控制策略的隶属度为 0.1。

4. 训练参数的选取

为防止网络陷入局部极小值，采用附加动量法来计算权值和阈值的变化量，对动量取值的判读条件为

$$mc = \begin{cases} 0, & E(k) > E(k-1)1.04 \\ 0.95, & E(k) < E(k-1) \\ mc, & \text{其他} \end{cases} \tag{4-57}$$

网络训练过程中，如果学习速率太大，可能导致系统不稳定；但小的学习速率导致较长的训练时间，可能收敛很慢，不过能保证网络的误差值不跳出误差表面的低谷而最终趋于最小误差值。因此，采用自适应学习速率，使网络根据不同的训练阶段自动调节其学习速率。

$$\eta(k+1) = \begin{cases} 1.05\eta(k), & E(k+1) < E(k) \\ 0.7\eta(k), & E(k+1) > E(k) \\ \eta(k), & \text{其他} \end{cases} \tag{4-58}$$

5. 模型的结果分析

定义网络训练目标误差为 1×10^{-5}，动量因子初始值为 0，初始学习速率为 0.01，利用隶

属度表示的训练样本对 FNN 模型进行 292 次训练,网络训练完成,目标误差为 4.15×10^{-8}。

经过训练的 FNN 神经网络可以产生一个输入为区域交通状态特征指标数值,输出为区域交通信号控制策略的规则集,可以用它来对区域交通信号控制策略进行决策选择,对应于不同的区域交通状态,选择执行最适合的交通信号控制策略,以期达到理想的控制效果。为验证所构建模型的有效性,采集任意时刻的交通参数数据,并计算得到交通状态特征指标值,以其输入到已训练好的 FNN 模型中,可得到其对应的交通信号控制策略。

根据隶属度最大原则,样本 1,2,3 对应的交通信号控制策略要采用感应控制,样本 4, 5,6 对应的交通信号控制策略要采用自适应控制,而样本 7 对应的交通信号控制策略要采用定时控制(表 4-3)。利用第 3 章介绍的区域交通状态判别方法,对验证样本的交通状态进行判别可以得出:样本 1、2 和 3 对应的交通状态为畅通,样本 4、5 和 6 对应的交通状态分别为拥堵,样本 7 对应的交通状态为堵塞,根据本章 4.1 节确定的交通信号控制策略的选取原则,可知它们所对应的最适于采用的信号控制策略分别为感应控制、自适应控制和定时控制。这与模型的输出结果是一致的,从而验证了本模型的有效性。

表 4-3　模型验证实验数据表

序号	区域平均饱和度	区域平均速度	交通信号控制策略		
			感应控制	自适应控制	定时控制
1	0.298	38.46	0.9685	0.5436	0.1733
2	0.124	39.89	0.9546	0.6547	0.0143
3	0.254	37.93	0.8997	0.5218	0.1045
4	0.413	34.78	0.4045	0.9210	0.5213
5	0.465	36.35	0.3426	0.8745	0.4735
6	0.589	35.54	0.4536	0.9347	0.6439
7	0.804	27.30	0.0087	0.4632	0.9235

本章要点

  城市交通流诱导系统包括交通流信息采集与处理、车辆定位、交通信息服务和行车路径优化四大子系统,主要通过在关键交叉口布置检测器来采集交通流量和车道占有率等原始数据,利用交通面控系统采集到的实时交通信息,结合交通信息中心动态预测路网中的各个路段和交叉口的交通流量和行程时间,根据驾驶员在车载机上输入的起止点,在车载机内动态计算最短路径,并动态显示在电子地图上,从而引导车辆避开交通拥堵,沿着最短路径行驶,达到动态路径诱导的目的。

5.1 交通流诱导系统

5.1.1 交通流采集子系统

  城市安装自适应交通信号控制系统(如 SCOOT 等)是实现交通诱导的前提条件。这个子系统包括两个关键词:一个是交通信号控制应是实时自适应交通信号控制系统;另一个是接口技术的研究,即把获得的网络中的交通流传送到交通流诱导主机,利用实时动态交通分配模型和相应的软件进行实时交通分配,滚动预测网络中各路段和交叉口的交通流量,为诱导提供依据。

5.1.2 车辆定位子系统

  车辆定位子系统的功能是确定车辆在路网中的准确位置。其主要研究内容如下:

（1）建立差分的理论模型和应用技术；

（2）设计系统的通信网络；

（3）研究系统的电子地图制作方法以及实现技术；

（4）建立一套故障自诊断系统，以保证在系统发生故障或信号在传输中出现较大误差时，也能准确地确定车辆的位置。

5.1.3　交通信息服务子系统

交通信息服务子系统是交通诱导系统的重要组成部分，它把主机运算出来的交通信息（包括预测的交通信息）通过各种传播媒体传送给公众。这些媒体包括有线电视、联网的计算机、收音机、路边的可变信息标志和车载的信息系统等。

5.1.4　行车路线优化子系统

行车路线优化子系统的作用是依据车辆定位子系统所确定的车辆在网络中的位置和出行者输入的目的地，结合交通数据采集子系统传输的路网交通信息，为出行者提供能够避免交通拥堵、减少延误及高效率到达目的地的行车路线。在车载信息系统的显示屏上给出车辆行驶前方道路网状况图，并用箭头线标示建议的最佳行驶路线。

5.2　基于 MR 的遗传算法求解城市路网最短路径

5.2.1　并行遗传算法

遗传算法已经有 30 多年的历史了，并且一直处于研究领域中比较活跃的部分，其效率由很多因素决定，如迭代次数、种群规模以及遗传算法的多样性和时间复杂度等。遗传算法有 4 个重要的阶段：初始化种群、选择、交叉和变异，每一个阶段采取的方法会直接影响遗传算法的运行时间。但是，遗传算法有两个缺点：第一，由于它是一个全局式搜索算法，容易过早收敛，陷入局部最优；第二，在选择、交叉、变异等步骤耗时多，效率太低。

遗传算法是基于生物进化的自然规律提出的，生物进化的过程本来就具有并行性，所以遗传算法自身就携带着并行的特征，并行遗传算法应运而生。根据并行的粒度，将并行遗传算法分为 4 种结构：主从式结构、粗粒度结构、细粒度结构和混合式结构。无论是主从式结构还是细粒度结构，都需要很大的通信消耗，从而使算法的效率降低，不能得到广泛的应用。粗粒度结构是将一个种群分成若干子种群，可以很好地改善遗传算法局部收敛的问题。

5.2.2 MapReduce 模型算法

Hadoop 实现了 Google 公司的 MapReduce 编程模型。MapReduce 是开源的、简化的并行计算模型,任何人都可以使用这个框架进行并行编程,同时适用于处理和产生大型数据集,很好地解决了以往并行模式的通信问题。MapReduce 主要由映射(Map)函数和化简(Reduce)函数两部分组成,Map 把任务分解为多个任务,Reduce 把分解后的多个任务进行汇总,得到最终结果。具体实现过程见表 5-1。

表 5-1 Map 和 Reduce 函数

函　　数	输　　入	输　　出	说　　明
Map	$<k1,v1>$	$List(k2,v2)$	(1) 将数据集解析成 $<key,value>$ 键值对,输入 Map 函数中处理 (2) 每一个输入的 $<k1,v1>$ 会输出一批中间结果 $<k2,v2>$
Reduce	$<k2,List(v2)>$	$<k3,v3>$	$List(v2)$ 表示一批属于同一个 $k2$ 的 value

在 Map 阶段,MapReduce 框架将输入的数据分割为 M 个片段,对应 M 个 Map 任务。每一个 Map 操作的输入是数据片段中的键值对 $<k1,v1>$ 集合,Map 操作调用用户定义的 Map 函数,输出一个中间态的键值对 $<k2,v2>$ 集合。接着,按照中间态的 $k2$ 将输出的数据集进行排序,并生成一个新的 $<k2,List(v2)>$ 元组,这样可以使得对应同一个键的所有值的数据放在一起。然后按照 $k2$ 的范围将这些元组分割为 R 个片段,对应 Reduce 任务的数目。

5.2.3 基于云计算的城市路网最短路径并行遗传算法

1. 染色体编码

染色体编码是为了方便计算,将所求问题的解的形式转化为遗传算法能够识别的编码串形式的过程。在城市交通网络中,路网节点对应基因,路径对应染色体。因为多个节点连接起来就形成路径,随着节点的增多,路径会变长,所以采用不等长可变的实数编码方式,简单直观地表达实际问题,又无须解码。

采用不等长可变的实数编码方式,染色体随着基因数的变化而变化,为了避免出现环路现象,要满足 3 个条件:染色体不能超过最大长度 $N(N$ 是节点个数);每个染色体不存在重复基因,即每个节点最多访问一次;每个染色体对应的 OD,必须起自 O 终至 D,从 O 出发,随机搜索下一个相连节点,直到 D。如图 5-1 所示,节点 1→6 的 OD 随机表示成染色体如下:

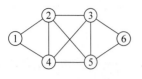

路径 1：1-2-3-6

路径 2：1-2-4-5-6

路径 3：1-4-3-6

图 5-1　网络示范图

2. 适应度函数

遗传算法在搜索过程中，不利用其他信息，通过定义一个适应度函数，利用这个函数计算每个个体的适应度值，不断指导下一代的选择进化，求得问题的最优解。因此，一个精确的适应度函数可以提高算法的速度和最优解的质量。在求解城市路网最短路径问题时，其目的是找到两点之间的最短路径，对于节点数为 N 的路网，定义节点(v_i, v_j)的路阻为$d(v_i, v_j)$，则由节点 1 到节点 $N-1$ 的总路阻为

$$g(i) = \sum_{r=1}^{N-1} d(v_{ir}, v_{ir+1}) \tag{5-1}$$

求解最短路径就是求一条总路阻最小的路径，但是在算法初期，会出现大量的断路，用总路阻来判断染色体的优劣是不合理的，这时采用有效基因片段数 $l(i)$ 来定义适应度函数，即

$$f(i) = \frac{l(i)}{l(i)_{max} + 1} \tag{5-2}$$

式中，$l(i)$ 表示染色体 i 的有效基因片段数，$l(i)_{max}$ 表示所有染色体中的最大有效基因片段数。当算法进入一定代数时，再利用式(5-1)定义适应度函数，并将其转化为

$$f(i) = \frac{1}{g(i)} \tag{5-3}$$

由此可见，总路阻值越小，适应度值就越大，所对应的解就越好，即越接近于要求的最短路径。

3. 迁移操作

完成适应度评价之后，Map 操作结束，这时进行迁移操作，目的是保持子种群的多样性，并且实现充分的信息交互，在避免串行遗传算法过早收敛的同时，提高解的质量。在云计算环境下实现迁移操作，主要采用异步随机迁移策略，即当每个子种群达到收敛之后，执行每个子种群中最佳个体的迁移操作，以保持种群多样性，避免过早收敛。

4. 遗传操作

1）个体选择

个体选择的目的是将适应度值较高的优秀个体通过复制遗传给下一代，使优秀的个体

不断进化。选择轮盘赌选择法进行个体选择,则适应度为 $f(i)$ 的个体被选择的概率为

$$P_n(i) = \frac{f(i)}{\sum\limits_{i=1}^{N} f(i)} \tag{5-4}$$

2)交叉与变异

交叉操作是为了尽量将父代个体的优秀基因保留下来,形成一个全新的个体。变异的目的是避免算法陷入局部最优解,保持种群的多样性。因为自然界中的变异是为了适应环境,所以选择自适应的交叉和变异,交叉率和变异率是可以自适应调整的,从而避免遗传算法早熟的现象。概率函数为

$$P_c(i) = \begin{cases} K_1 N(f_{max} - f')/(f_{max} - f_{avg}), & f \geqslant f_{avg} \\ K_2, & f < f_{avg} \end{cases} \tag{5-5}$$

$$P_m(i) = \begin{cases} K_1 N(f_{max} - f_i)/(f_{max} - f_{avg}), & f \geqslant f_{avg} \\ K_2, & f < f_{avg} \end{cases} \tag{5-6}$$

式中,f_{max} 为当前代的最大适应度值,f_{avg} 为当前代平均适应度值,f_i 为当前代第 i 个个体的适应度值,f' 为当前代两个交叉个体中适应度值较大的,N 是染色体长度,$(f_{max} - f')/(f_{max} - f_{avg})$ 为两个交叉个体中较大的那个在当前代中的优劣程度,$(f_{max} - f_i)/(f_{max} - f_{avg})$ 为第 i 个个体在当前代中的优劣程度,K_1 和 K_2 为调整系数。

5. 算法流程

整个算法的流程如图 5-2 所示。

(1)初始化种群。由主机器(JobTracker)完成初始化种群,并将所有个体均分为多个子种群。设置遗传算法的参数,将参数和子种群一并分配到从机器(TaskTracker)上去。

(2)适应度评价。这一步骤在 Map 操作中进行。调用 Map 函数,定义子种群编号为键,个体为值,各个 TaskTracker 对各自的子种群进行适应度评价,得到每个个体的适应度值,并将相同的键对应的值归约起来,进行迁移操作,存储到本地 HDFS 文件系统。

(3)选择操作。这一步骤开始进行 Reduce 操作,调用 Reduce 函数。JobTracker 读取中间结果文件的位置,传达给 Reduce,Reduce 接到指令后再到某个 DataNode 上去读取,然后完成子种群的选择操作,每个子种群选择 2 个个体。

(4)交叉与变异操作。采用插入基因的方法对子种群中选取的 2 个个体进行交叉操作,产生 2 个全新的个体。然后,采用自适应变异的方法进行变异操作,并将新产生的个体构成子代种群,按照<key,value>形式写入 HDFS 文件系统。

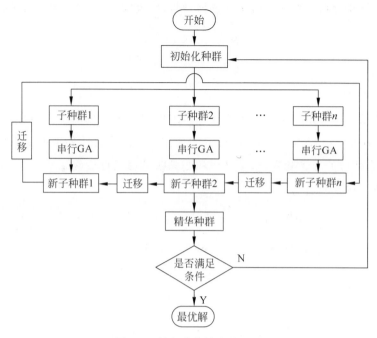

图 5-2 并行遗传算法流程图

（5）终止条件。当进化代数达到最大并行进化代数，或者当个体适应值达到稳定值时算法终止，输出最终结果；否则进行步骤（6）。

（6）更新进化代数，转到步骤（2）。

5.2.4 并行遗传算法的应用实例

城市路网路径优化的速率主要取决于最短路径计算效率，本章提出的城市路网最短路径算法，联合 Java 语言、MapReduce 并行程序设计方法和遗传算法开发了大规模路网最短路径并行计算程序，并以节点数为 2067、弧段数为 6838 的某市路网数据为基础，对本章提出的最短路径并行算法进行试验测试。

1. 实验目的

求解某市路网中某一个 OD 的最短路径。验证基于云计算的并行遗传算法的有效性和可行性，并与串行遗传算法的性能进行比较。

2. 实验环境

硬件环境为 8 台双核计算机，软件环境为 Redhat Enterprise Linux 5.0 虚拟机

＋Hadoop0.17.1 和 JRE1.5＋Java。在实验中,将 8 台机器的名称分别命名为 JobTracker1, TaskTracker1,TaskTracker2,TaskTracker3,TaskTracker4,TaskTracker5,TaskTracker6, TaskTracker7。其中,JobTracker1 作为主节点,同时也作为从节点,其余 7 台机器只作为从节点。在 JobTracker1 上安装和配置好 Hadoop0.17.1 和 JRE1.5,并通过 scp 命令将其部署到其余 7 台机器上去。

3. 实验设计

设置种群规模为 1000,最大运行代数取 50、100、150、200、250、300、350、400,在节点数为 1、2、4、8 的 4 种情况下进行实验,其中节点数为 1 时即为串行算法,节点数为 2、4、8 时为并行算法。由于遗传算法是一个启发式算法,受各种随机因素的影响比较严重,每组实验的子实验进行 50 次取平均值,得到的平均适应度值和平均运行时间结果如图 5-3 和图 5-4 所示,图中 1、2、4、8 代表节点数。

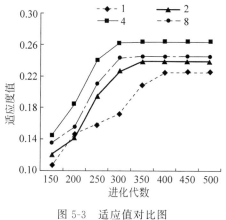

图 5-3　适应值对比图

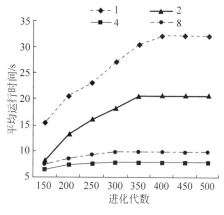

图 5-4　平均运行时间对比图

4. 实验结果

从下面 3 方面分析。

(1) 适应度值。从图 5-3 中可以看出,并行算法的适应度值要比串行算法的大,节点数为 4 时适应度值最大,即结果最优,由此验证了基于云计算的并行遗传算法的稳定性还是比较好的。但是,当节点数增加到 8 时,适应度值变小,究其原因是节点数越多,子种群中的个体数量越少,过少的个体数量无法保证种群的多样性,从而导致搜索区域比较集中,算法陷入过早收敛。当节点数为 2 时,显然由于子种群的数目太少,无法满足充分的信息交换,从而直接影响算法进程,也不利于提高解的质量。

（2）运行时间。对算法进行并行的主要目的就是减少算法的运行时间，从图 5-4 可以看出，并行算法的运行时间要比串行算法的少，节点数为 4 时运行时间最少。当节点数为 8 时，运行时间反而增大了，因为随着节点数的增加，节点间的迁移操作越来越频繁，通信负荷越来越大，消耗了大量的时间，所以造成算法的运行时间增大。

（3）并行加速比（S_n）。并行加速比是衡量并行算法运行效率的重要指标，并行加速比越大，并行算法的效率越高。并行加速比为 $S_n = T_s/T_p$。其中，T_s 为串行算法运行时间；T_p 为并行算法运行时间。当节点数为 1 时，串行算法的运行时间为 $T_s = 32.2s$，当节点数为 4 时，并行算法达到最高性能，运行时间为 $T_p = 7.8s$，所求得的加速比为 $S_n = T_s/T_p = 32.2s/7.8s = 4.1$。由此可见，并行算法与串行算法相比，算法的运行效率有了显著的提高，最佳运行时间 7.8s，满足交通诱导的需求。

运用云计算中的 MapReduce 编程模式将遗传算法并行化处理，有效地改善了遗传算法在求解城市路网最短路径问题时存在的缺陷，同时提高了遗传算法处理庞大数据集的能力。实验结果表明，所提出的基于云计算的遗传算法在处理城市路网最短路径问题时具有高效性、有效性和可行性。下一步的研究内容有两方面：一方面是对遗传算法自身进行优化，进一步提高算法的性能；另一方面是基于 MapReduce 的遗传算法和基于 MPI 的遗传算法的比较研究。

本章要点

本章以"准系统最优"为原则,以路网总行程时间最小为目标,充分考虑了交通拥堵状态下的车辆行程时间表达,引入了排队长度参数进一步对协同模型进行约束,进而构建了交通控制与诱导协同的一体化模型,最后提出了一种基于 MapReduce 和遗传算法的协同模型求解方法。以 VISSIM4.3 仿真数据为研究对象,通过实例验证了所提出协同模型的有效性,以及并行求解算法的高效性。

在行程时间计算时,与以往不同,本章考虑的是有排队长度的行程时间表达,将行程时间的表达分为 3 个阶段:自由流行驶阶段、拥堵行驶阶段和通过交叉口阶段,计算的行程时间更加准确。

在建立模型的约束条件时,与以往不同,引入了排队长度参数进一步对相位差和有效绿灯时间进行约束,得到的交通参数更好。

在协同模型的求解时,与以往不同,应用基于 MapReduce 的并行遗传算法进行求解,与传统的串行遗传算法相比,基于 MapReduce 的并行遗传算法提高了解的质量,并且提高了协同模型求解效率。

6.1 交通控制与诱导协同

6.1.1 交通控制与诱导协同的含义

20 世纪 70 年代,德国著名理论物理学家赫尔曼·哈肯创立了一门系统科学理论——协同学(Synergetics)。协同学专门从系统演化的角度研究开放系统在外部一定条件(外界物质、能量、信息)的作用下,其内部各要素、各层面和各子系统之间,如何通过非线性相互作用以及不可回避的相互竞争和相互合作的行为,即研究系统内部的涨落机制及其自组织(指事物或一组变量从无联系的状态进入到有联系的状态的过程)作用,从而形成协同效应(在宏观尺度上产生空间、时间或功能有序的结构),达到系统从无序到有序的实现。

下面介绍协同学中的几个重要概念。

1. 自组织

在一定的环境条件下,由系统内部自身组织起来,并通过各种形式的信息反馈来控制和强化这种组织的结构称为自组织结构,相应的描述称为自组织理论,它是协同学的核心理论。

2. 序参量和相变

一般的相变是子系统间具有不同聚集状态之间的转变。它是普遍存在的一种突变,不同的相变具有明显不同的有序或无序性。系统的相变是一种临界现象。标志相变出现的参量就是序参量,它是子系统介入协同运动程度的集中体现。

城市道路交通系统具备开放性、不平衡性、非线性相互作用和内部涨落等特性,从耗散结构理论的角度即可判定城市道路交通系统的发展是自组织的。组成交通系统的各子系统或各因素,会产生一种协同作用,使它们相互适应、匹配和协调,控制策略会随着采集到的实时交通信息而发生变化,车流会在控制策略的引导下进行运动,其内部各子系统相互协调,出现一种自组织现象,最后表现为路网车流的有序状态。可见,交通系统是一个协同系统。

然而,交通流元胞自动机模型表明,交通流宏观演化存在自组织现象,车流具有自组织临界性以及从自由运动相到堵塞相的相变行为。

由于社会经济的快速发展,车辆保有量的不断增加,道路交通需求增长迅速,交通拥堵、交通事故也不断增多。在车流量这一控制参量的影响下,城市交通流系统的内部不稳定性逐渐增加,交通流趋向于自组织临界状态。交通流逐渐趋于不稳定,不稳定性在新旧结构转换中起重要的媒介作用,为了避免交通流系统稳定性的丧失,相互冲突交通流的协同作用导致了城市交通控制系统(Urban Traffic Control System,UTCS)的产生,而 UTCS反过来支配着交通流系统的行为,将冲突交通流在时间上进行分离,使交通流系统处于有序状态。

随着汽车大量涌入城市,城市路网上的交通流量的继续升高,因而不稳定性依然存在,城市交通流系统仍然需要继续演化到新的宏观有序结构。同向交通流与道路网络子系统间的协同作用导致了城市交通诱导系统(Urban Traffic Flow Guidance System,UTFGS)的产生,而 UTFGS反过来支配着交通流系统的行为,将同向拥堵的交通流在空间上进行分离,使交通流系统处于有序状态。

可见,UTCS 与 UTFGS 扮演着交通系统中序参量的角色,支配着交通流的运行状态。根据协同学的含义,序参量之间的协同合作决定着系统的有序结构。当交通流发生相变时,要加强控制与诱导的协同合作,发挥出二者独立运行所没有的功能,促使交通流系统的自组织过程得以顺利实现。

那么,究竟什么叫控制与诱导的协同呢? 本节给出如下定义:UTCS 和 UTFGS 的协同就是要在分析清楚交通流自组织特性和规律的基础上,研究 UTCS 和 UTFGS 的动态特性以及二者之间的非线性相互作用和相互竞争与合作的行为,并且它们是如何影响交通流自组织过程的,应用控制和诱导的理论知识和方法寻找 UTCS 和 UTFGS 有效的动态协同方案,最后通过交通流的自组织过程促使交通流达到时间和空间的有序状态。

6.1.2 交通控制与诱导协同的必要性

UTCS 是指在交叉口各路段的进口端或出口端的车道上设置车辆检测装置(多数为感应线圈),并通过通信线路与控制中心的计算机相连,依据检测到的实时路网交通流数据,利用计算机软件和先进的控制理论,对路网上的交通信号灯的配时方案进行优化控制并进行动态调整,达到使路网上的车辆有序流动,实现被控范围内道路的畅通。

其实质是对路网上已经发生的将要通过某个路口的车流的时间分布进行强制性调整,从而改变不同方向的车辆通过路口的等待和通行时间,使车流量在路网上的时间分布发生变化,以减少路口内的交通流冲突,提高现有道路的通行能力。

UTFGS 是通过车载计算机显示屏、道路可变情报板、交通诱导专项广播等通信手段,依据交通信息检测系统采集到的当前路网的交通流状况及各类车辆的目的地,以实时动态分配理论为核心,综合运用计算机、通信、GPS、GIS 等高新技术,动态地向驾驶员提供最优路径引导指令和丰富的实时交通信息,达到均衡网络交通流的目的。

其实质是对网络上已经或即将发生的具有意向性(方向性)即驶往特定目的地交通流的空间分布进行非强制性调整,从而改变行驶在不同路径上的车辆数,使车流量在路网上的空间分布发生变化,减轻交通压力,提高现有道路的通行能力。

UTCS 和 UTFGS 的关联性和差异性构成二者协同的充分条件,它们之间相互影响,相互作用。

1. 二者的相同之处

(1) 二者具有共同的管理目标。能使交通管理目标更加优化,也能使诱导信息更加准确,进而大大提高道路运输的效率,真正实现路网畅通、有效的运行。

（2）二者具有共同的管理对象——由人、车、路、环境组成的复杂交通流。UTCS 是调整路网交通流的时间分布,UTFGS 是调整路网交通流的空间分布。对于一个特定的路网交通流,从交通流的自组织特性分析,其在时间和空间上是不可分的,这就决定了 UTCS 和 UTFGS 不是孤立的,二者是相辅相成的。

（3）二者数据关联。这是由系统被控对象的特性所决定的,相同的受控对象决定了 UTCS 和 UTFGS 之间在能够客观描述受控对象属性、状态及变化特性等的基础数据方面必然存在相互联系,表现在二者建立共同的基础子系统之上,如交通流检测系统、道路信息采集系统、交通信息发布系统,数据通信系统,交通流实时信息处理系统,被控网络的地理信息系统等,都是控制系统和诱导系统共同需要的。

（4）二者信息关联。首先表现在二者互为输入和约束:①UTCS 实施优化控制的前提是能够获得各个方向即将通过路口的车辆数,而各个路口车流的到达率很大程度上是由诱导策略下驾驶员的线路选择所决定的,即交通流诱导策略直接决定了各个路段和路口车辆到达的时间和数量。因此,在制定交通控制的策略时必须考虑交通流诱导的影响。②UTFGS 诱导的依据是预测得到的车辆在各路段上的实时动态行驶时间。由于路口实施交通信号灯控制,使得车辆的行驶时间除了包括车辆在路段上的行驶时间以外,还包括通过路口的行驶时间以及在路口排队的等待时间,而后者主要受到路口实施的信号配时方案的影响。可见,交叉口的信号控制影响了车辆在各路段的行程时间,进而影响了驾驶员的路线选择。因此,在制定交通流诱导策略时必须考虑交通控制的影响作用。

其次,表现在二者信息的交互验证。某些信息是两个系统共有或共享的,尽管可能的获取方式和处理方法可能不同,如道路的占有率和饱和度,控制系统往往通过路段和路口上的车辆检测器直接获得,而诱导系统则要通过车辆反馈的信息以及路段的静态参数通过计算而得到。通过系统间信息的交互,可以使这些共有信息得以相互验证,以提高信息的准确性和可靠性。

（5）二者策略关联。基于二者的上述关联性,导致 UTCS 和 UTFGS 在策略上的相关性。在制定控制策略时,要综合考虑二者的相互关系,将二者有机结合起来,进行综合决策,提高二者的控制效果,从而减少交通拥堵,实现车流的畅通运行。

可见,从开始确定管理目标,直到最后确定控制策略,UTCS 和 UTFGS 无时无处不存在着密切的关联性,这就为二者的协同打下了良好的基础。

2. 二者存在着不同之处

（1）UTCS 和 UTFGS 的管理思想存在着差异。交通流诱导是从网络内任意可达的两点之间的最优路径出发,获得当前环境网络的最佳运行状态,存在着用户均衡和系统最优两种不同的诱导思想;交通控制从被控区域的最小延误时间出发,获得最佳的配时方案,是系统优化的思想。

(2) UTCS 和 UTFGS 的管理机制不同。交通控制是强制性的被动管理,由于它是对路网上已产生的车流进行管理,所以是一种被动管理;路网上的车辆必须遵守,所以它是一种强制性的管理。诱导则是灵活性的主动管理,由于它是对路网上即将产生的车流进行管理,所以是一种主动管理;出行者可以选择服从,也可以选择不服从,所以它是一种灵活性的管理。

(3) UTCS 和 UTFGS 的管理方法也不同。交通控制是改变不同方向车辆通过路口的等待和通行时间,从而使车流量在路网上的时间分布发生变化,以减少路口内的交通流冲突,提高现有道路的通行能力。它只有在到达交叉口的车辆不超过正常通过数量的限度内能够见效,当到达车辆超过这个限度时就不能见效,只能使到达交叉口的车辆较为顺利地通过交叉口而没有能力不使大量车辆拥向交叉口。诱导则是改变行驶在不同路径上的车辆数,从而改善路网中车流的空间分布,以减少车辆在 $O\text{-}D$ 对间的行程时间,减少大量车辆拥向交叉口,均衡网络的交通流量,弥补交通控制的局限。

正因为二者存在上述不同之处,从交通流的自组织特性来看,更有必要将二者进行协同,使得其功能互补,时空结合,主动与被动结合,强制性和灵活性互补,从全局的角度来进行决策,更好地实现路网交通流的畅通。

6.1.3 交通控制与诱导协同的特点

1. 协作性

协作性是指在复杂的城市交通系统内,控制与诱导的协同行为产生出的超越各要素自身的单独作用,从而形成整个系统的统一作用和联合作用。

2. 整体性

整体性是指控制和诱导都是由若干相互联系、相互作用的要素构成的有机结构整体。在功能上,整体的功能不仅仅是各部分功能的总和,还包括各部分相互联系形成结构产生的功能。

3. 动态性

动态性是指控制和诱导协同不是一种静止状态,而是实时变化的。根据不同的交通状态,将二者进行合理的组织,动态调整控制目标,实时调整控制参数,重视交通系统的有序程度,动态把握和控制,使之处于一种良性循环状态。

4. 全方位性

全方位性是指交通控制与诱导的协同包括目标协同、组织管理协同、功能协同、结构协同、策略协同、内部外部协同的有机统一。

5. 层次性

层次性是指外部环境与交通控制和诱导之间的协同、两个系统之间的协同、两个系统内部各参数之间的协同。

6.2 交通瓶颈控制与诱导协同模型的建立

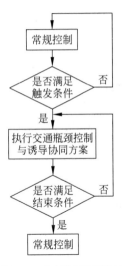

图 6-1　交通瓶颈控制与诱导协同方案

在早晚高峰时段,当路网容量不能满足交通需求时,交通拥堵首先发生在路网中比较脆弱的交叉口和路段,如果不能及时有效地处理,很容易发生交通流量上溢,形成动态交通瓶颈,甚至造成区域交通拥堵现象。为了避免这样的不良现象发生,在常规交通控制的前提下,实时监控路网中各个路段和交叉口的交通状态,随着流量不断增长,运行速度减慢,排队长度增加,当监控到路网中某些部位发生交通拥堵,并且即将形成动态交通瓶颈时,启动交通瓶颈控制与诱导协调方案,具体如图 6-1 所示。

为了保证交通瓶颈控制与诱导协同方案的有效实施,在已有研究成果的基础上,本章重点研究了建模思想,分析了协同时机的确定方法,并构建了交通瓶颈控制与诱导协同模型以及模型求解算法等内容,通过一个仿真实验,对所提出的协同模型和求解算法进行了验证。

6.2.1 建模思想

该方案的基本思想:一方面从交通控制角度考虑,通过优化即将要形成动态交通瓶颈的路段上下游交叉口的信号配时参数,及时卸载路段上的交通量,避免路段上的排队车辆溢出;另一方面从交通诱导角度考虑,均衡整个路网的交通量,保证路段上车辆的总行程时间最小。

通过对路网的交通状态进行实时监控,发现已经发生交通拥堵的路段,并预测该路段即将形成动态交通瓶颈时,实施交通控制与交通诱导的有效协同。而在路段畅通的条件下,交通流相对稳定,只要实施正常的交通管控策略就可以了。

6.2.2 协同时机判断

协同时机的判断实际上就是交通状态的判断,即交通控制系统和交通诱导系统实施协同的时刻判断,一旦确定了协同时机,则启动协同预案。本章采用动态交通瓶颈识别和动态交通瓶颈预测相结合的交通瓶颈控制与诱导协同时机判定方式。在第3章的动态交通瓶颈识别方法研究中,将交通状态定义为畅通、拥堵和瓶颈3种,针对3种交通状态分析不同交通状态下的协同模式。

1. 畅通状态

当路段处于畅通状态时,路段上的车辆数目相对较少,车辆几乎是处于以自由流速度运行的状态,这时整个交通系统处于相对稳定的状态,交通管理的目的是保证车辆的行程时间尽量少,继续维持交通运行系统的稳定性。在这种交通状态下,不需要实施交通瓶颈控制与诱导协同,只需要交通干线协调控制就可以达到交通管理的目标。

2. 拥堵状态

随着车流量的不断增加,当交通流量达到某一阈值时,路网中相对脆弱的路段和交叉口就会首先发生交通拥堵,这样的路段在交通高峰时期是一个动态交通瓶颈,如果不能及时、有效地进行治理,交通流就会继续蔓延,甚至溢出路段到上游的交叉口或者路段,进而形成大面积的交通拥堵。在这种交通状态下,要实施交通瓶颈控制与诱导协同策略,从时间和空间上对交通流进行管理,避免交通拥堵发生蔓延。本书重点研究这一部分的交通控制与诱导协同。

3. 瓶颈状态

当某路段的交通拥堵不能得到及时治理时,交通拥堵程度就会不断恶化,形成动态交通瓶颈,甚至造成大面积的交通拥堵。此时,在发生拥堵的区域路网内部无论实施交通控制还是交通诱导,都无法改变路网的交通状态,只能通过在发生区域交通拥堵的路网外部实施交通控制与诱导。一方面通过交通诱导与拥堵区域边界交通控制的协同来避免交通流进入区域拥堵范围内,另一方面在拥堵区域内部的重点路段和交叉口及时地实施交通瓶颈控制与诱导协同,快速消散交通拥堵,避免交通状态恶化。

在早晚高峰时段,当路网容量不能满足交通需求时,交通拥堵首先发生在比较脆弱的交叉口和路段,如果不能及时、有效地处理,很容易形成动态交通瓶颈。通过第3章研究的动态交通瓶颈识别方法实时监控路网中各路段的交通状态,并通过第3章研究的动态交通瓶颈预测方法实时预测未来时段区域路网中各路段的交通状态以及发展趋势,当监控到有路段发生交通拥堵,并预测下一时段该路段即将形成动态交通瓶颈时,立即启动交通瓶颈控制与诱导协同策略,将动态交通瓶颈扼杀在摇篮里,避免造成交通拥堵蔓延,甚至发生"锁死"等现象,这是本章的重点研究内容。

6.2.3 目标函数的建立

针对单个动态交通瓶颈,以准系统最优的原则,建立协同优化模型的目标函数,一方面通过调整交叉口信号配时参数,使路段上的交通流量迅速卸载,缓解交通拥堵现状,不至于发生拥堵溢出;另一方面要考虑整个路网系统的流量均衡,使总行程时间最小。建立的目标函数为

$$J = \min C = \min \sum_{a \in A} \int_0^{x_a(t)} t_a(t)(x_a(t))\mathrm{d}x \tag{6-1}$$

式中,a 为某一路段;$A(i)$ 为所有以节点 i 为终点的弧段集合;$x_a(t)$ 为 t 时刻,路段 a 上的车辆数;$t_a(t)$ 为 t 时刻,车辆在路段 a 上的行程时间。

该目标函数的含义:假设相邻优化时间段内整个协同区域的交通需求不变,在早晚高峰期,当路网中的某些脆弱路段已经发生交通拥堵,并且即将形成动态交通瓶颈时,首先,调整交叉口信号配时参数,对路段上的交通流量进行卸载,以缓解路段上的交通拥堵现状,确保交通拥堵不发生溢出;然后,保证整个协同区域内的交通流量的总行程时间最小。

6.2.4 行程时间的表达

图 6-2 是拥堵情况下的行程时间构成图。行程时间包括车辆在路段上的行驶时间 $t_{a,r}(t)$ 和车辆通过交叉口的时间 $t_{a,s}(t)$。在交通畅通状态下,车辆在路段上的行程时间可以表示为

$$t_{a,r}(t) = L_j / \vartheta_i \tag{6-2}$$

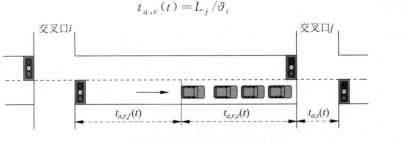

图 6-2 拥堵情况下的行程时间构成图

式中，L_j 为路段 j 的长度；ϑ_i 为时间段 i 内，路段 j 的平均速度。ϑ_i 为一个预测值。

在交通拥堵情况下，路网中路段上会出现排队车辆，此时车辆总的行程时间包括自由流运行时间 $t_{a,r,f}(t)$ 和拥堵运行时间 $t_{a,r,c}(t)$。忽略驾驶员的反应时间和启动加速时间，车辆从路段上游交叉口的停车线驶离到下游车辆排队队尾的自由流行程时间为

$$t_{a,r,f}(t) = \frac{L_j - L_{ij}}{\vartheta_i} \tag{6-3}$$

式中，L_j 为路段 j 的长度；L_{ij} 为排队长度，该值可以实时获得；ϑ_i 为平均速度。ϑ_i 是一个预测值，通过第 3 章中基于云计算的遗传-支持向量机预测模型进行预测得到。

车辆离开上游交叉口驶向排队队尾的过程中，排队长度会不断变化，假设车辆的平均速度为 ϑ'_i，当车辆到达排队队尾时的排队长度为 L'_{ij}，则车辆从排队队尾驶离到下游交叉口停车线的拥堵行程时间为

$$t_{a,r,c}(t) = \frac{L'_{ij}}{\vartheta'_i} \tag{6-4}$$

式中，ϑ'_i 也是一个预测值，通过第 3 章中基于 MapReduce 的 GA-SVM 模型进行预测得到；L'_{ij} 是一个可以实时采集到的交通参数。

针对信号交叉口分析车辆延误时间 $t_{a,s}(t)$，以往的分析方法有很多种，如基于 Webster 延误模型的分析方法、基于美国 HCM 延误模型的分析方法、基于 VISSIM 的仿真分析方法等。Webster 延误模型成立的条件之一是交通流相对稳定，然而，在实际的交通中，尤其是发生交通拥堵的情况下，交通流是极其不稳定的，因此用 Webster 延误模型计算出来的交叉口停车延误与实际交通相差较大；此外，Webster 延误模型只适用于饱和度 $X \leqslant 1.0$ 的情况，存在局限性。美国 HCM 延误模型有两种，一种是 HCM1985 和 HCM1994，另一种是 HCM2000 和 HCM2010。因为 HCM1985 和 HCM1994 只适用于饱和度 $X \leqslant 1.2$ 的情况，具有局限性，而且存在计算结果增长过快的缺点，所以，本章选择修正后的 HCM2010 计算信号交叉口延误时间。

（1）无车辆排队情况：

$$d = \frac{0.5C(1-g/c)^2}{1 - [\min\{1, X\} \cdot g/C]} \cdot \frac{(1-p)f_{PA}}{1-(g/c)} + 900T \left[(X-1) + \sqrt{(X-1)^2 + \frac{8kLX}{cT}} \right] \tag{6-5}$$

（2）有车辆排队情况：

$$d = \frac{t}{T} + \frac{(T-t)}{T} \cdot \frac{(1-p)f_{PA}}{1-(g/c)} + 900T \left[(X-1) + \sqrt{(X-1)^2 + \frac{8kLX}{cT}} \right] + \frac{1800Q_b(1+u)t}{cT} \tag{6-6}$$

式中，p 为车辆的到达率；f_{PA} 为绿灯时间调节系数；C 为信号周期；g 为各相位的有效绿灯时间；T 为分析交叉口延误的时间（h）；L 为上游交通流汇流调整系数；c 为通行能力（veh/h）；t 为无车辆排队的时间；u 为交叉口延误参数。

当 $X \leqslant 1.0, t = T$ 时，$u = 1 - \dfrac{cT}{Q_b[1 - \min\{1, X\}]}$，$T_c = \max\left\{T, \dfrac{Q_b}{c} + TX\right\}$；

当 $X \leqslant 1.0, t = \min\left\{T, \dfrac{Q_b}{c[1 - \min\{1, X\}]}\right\}$ 时，$u = 0$，$T_c = T$；

当 $X > 1.0, t = T$ 时，$u = 1$，$T_c = \max\left\{T, \dfrac{Q_b}{c} + TX\right\}$。

6.2.5 约束条件的确定

1. 配时参数的约束

为了充分满足交叉口处行人过街的安全需要，各个交叉口各个相位的最小绿灯时间不得小于一个定值 e（通常情况下 $e \leqslant 6s$），各个交叉口各个相位的配时参数需满足

$$e \leqslant g_i \leqslant T - (m-1)e, \quad i = 1, 2, \cdots, m \tag{6-7}$$

式中，m 为交叉口一个周期内的相位数；T 为协同区域内统一的周期时长；g_i 为相位 i 的有效绿灯时间。

2. 周期时长的约束

为了充分考虑驾驶员的心理承受能力，在设定协同区域内各交叉口的周期时长时，应满足式（6-8）；同时，为了避免因频繁变换周期时长而造成的交通混乱，协同区域内各交叉口的周期时长取所有交叉口周期时长的最大值，即

$$30 \leqslant T \leqslant 200, \quad C = \max\{T_1, T_2, \cdots, T_n\} \tag{6-8}$$

式中，n 为协同区域交叉口数目；T_i 为交叉口 i 的周期，可通过 Webster 方法求得

$$T = \frac{1.5L + 5}{1 - Y} \tag{6-9}$$

$$Y = \sum_{j=1}^{j} \max[y_j, y_j', \cdots] = \sum_{j=1}^{j} \max\left[\left(\frac{q_d}{S_d}\right)_j, \left(\frac{q_d}{S_d}\right)_j', \cdots\right]; \quad Y \leqslant 0.9 \tag{6-10}$$

式中，L 为损失时间（s）；Y 为各信号相位中的总流量比；y_j 为相位 j 的流量比；q_d 为设计交通量（pcu/h）；S_d 为设计饱和流量（pcu/h）。

3. 相位差的约束

相位差是协同控制中的重要参数，交叉口 i 到 j 的上行相位差 $\psi_\bot$ 和交叉口 j 到 i 的下

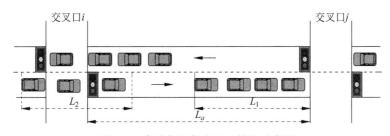

行相位差 $\psi_{\text{下}}$ 必须满足下列条件：

$$\begin{cases} \psi_{\text{上}} + \psi_{\text{下}} = T \\ 0 \leqslant \psi \leqslant T \end{cases}$$ （6-11）

式中，T 为协同区域内统一的周期时长。

4. 排队长度的约束

在交通早晚高峰期，随着路段上车流量的均匀累积，当排队长度超过路段长度，就会发生排队溢出，因此排队长度是表证路段上是否发生排队溢出的最直接变量。高峰期间路段上的排队长度由两部分构成，如图 6-3 所示。

图 6-3　高峰期相邻交叉口排队示意图

$$L_o = L_1 + L_2$$ （6-12）

式中，L_1 为滞留排队长度，即队尾受红灯影响无法通过交叉口而形成的车辆排队长度。L_2 为停车排队长度，即队头受红灯或排队车辆阻碍而停车形成的排队长度。

假设路段 a 的长度为 L_a，其上下游交叉口分别为 i 和 j，i 和 j 的统一信号周期为 T，上下游交叉口 i 和 j 的绿灯时长和红灯时长分别为 g_i、g_j、r_i 和 r_j，上下游交叉口 i 和 j 之间的相位差为 ψ，路段上车辆的平均车速为 ϑ_i，停车波和启动波的传播速度分别为 α_i 和 β_i。

当上游交叉口 i 绿灯结束后，最后驶离的车辆经过 t_1 达到排队队尾；当下游交叉口 j 绿灯结束，红灯亮起时，经过 $(\psi + g_j)$ 时间，此时随着最后一辆车驶出交叉口 j 的停车线，未驶离或刚到达停车线的车辆以波速 α_i 向后排队，又经过一段时间 t_2，形成排队长度 L_1。具体排队过程如图 6-4 所示，由此可得下列关系式：

$$t_1 = \frac{L_a - L_1}{\upsilon_i}$$ （6-13）

$$t_2 = g_i + t_1 - \psi - g_j$$ （6-14）

$$L_1 = \alpha_i \cdot t_2$$ （6-15）

由式（6-13）～式（6-15）得

$$L_1 = \frac{\alpha_i \cdot \vartheta_i \cdot (L_a/\vartheta_i + g_i - g_j - \psi)}{\alpha_i + \upsilon_i}$$ （6-16）

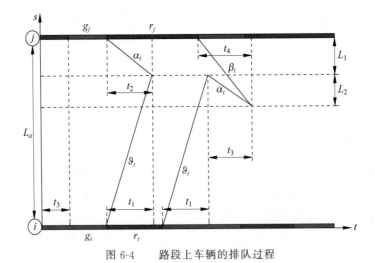

图 6-4　　路段上车辆的排队过程

当上游交叉口 i 绿灯亮起后,停车线处的车辆开始陆续驶离交叉口 i,并以速度 α_i 向路段下游行驶,经过时间 t_1,驶离的第一辆车到达下游车队队尾;第一辆车受到下游排队车辆的阻碍,形成停车波,并以波速 α_i 向后排队,又经过一段时间 t_3,形成停车排队长度 L_2;当下游交叉口 j 的绿灯亮起时,启动波开始以波速 β_i 向后传播,并经过时间 t_4 与停车波相遇。具体排队过程如图 6-4 所示,由此可得下列关系式:

$$t_3 = \frac{L_2}{\alpha_i} \tag{6-17}$$

$$t_4 = \frac{L_2 + L_1}{\beta_i} \tag{6-18}$$

$$\psi = t_1 + t_3 - t_4 \tag{6-19}$$

由式(6-17)~式(6-19)得

$$L_2 = \frac{\alpha_i \cdot \beta_i \cdot (L_a - L_1/\vartheta_i - L_1/\beta_i - \psi)}{\alpha_i - \beta_i} \tag{6-20}$$

如果启动波与停车波未发生相遇,则在下游交叉口的绿灯时间内上游交叉口驶离的最后一辆车将受到下游排队车辆阻碍而在队尾停车,此时停车排队长度 L_2 达到停车排队的最大值 L_2^{up},有如下关系式:

$$\frac{L_a - L_1}{\vartheta_i} + \frac{L_2^{up}}{\alpha_i} = g_i + \frac{L_a - L_1 - L_2^{up}}{\vartheta_i} \tag{6-21}$$

$$L_2^{up} = \frac{g_i \cdot \alpha_i \cdot \vartheta_i}{\alpha_i + \vartheta_i} \tag{6-22}$$

综上所述,高峰期间路段的排队长度为

$$L_o = L_1 + \min\{L_2, L_2^{up}\} \tag{6-23}$$

为了避免出现路段交通流溢出现象,必须控制路段车辆的排队长度,保证其最大值不得超过路段长度,即满足下式:

$$L_o = L_1 + \min\{L_2, L_2^{up}\} \leqslant L_a \cdot \gamma_a \tag{6-24}$$

式中,γ_a 为路段 a 的最大交通流压缩比,取 0.8。

当 $L_2 \leqslant L_2^{up}$ 时,$L_o = L_1 + L_2 \leqslant L_a \cdot \gamma_a$,由式(6-16)、式(6-20)和式(6-24)解得

$$\frac{\beta_i}{\vartheta_i} \cdot \frac{\vartheta_i + \alpha_i}{\alpha_i \beta_i + \alpha_i - \beta_i} \cdot \left[\frac{\alpha_i \beta_i}{\beta_i - \alpha_i}(g_i - g_j) - L_a \gamma_a\right] \leqslant \psi \leqslant$$

$$g_i + \frac{L_i \alpha_i}{\vartheta_i^2} \cdot \frac{\vartheta_i + \alpha_i}{\beta_i - \alpha_i} + \frac{\alpha_i}{\vartheta_i} \cdot \frac{\beta_i + \vartheta_i}{\beta_i - \alpha_i} \cdot \left(g_j - g_i - \frac{L_a}{\vartheta_i}\right) \tag{6-25}$$

当 $L_2 > L_2^{up}$ 时,$L_o = L_1 + L_2^{up} \leqslant L_a \cdot \gamma_a$,由式(6-16)、式(6-20)式(6-24)解得

$$\begin{cases} \psi \geqslant \dfrac{L_a}{\vartheta_i} + 2g_i - g_j - L_a \gamma_a \left(\dfrac{1}{\vartheta_i} + \dfrac{1}{\alpha_i}\right) \\ \psi > g_i + \dfrac{L_i \beta_i}{\vartheta_i^2} \cdot \dfrac{\vartheta_i + \alpha_i}{\beta_i - \alpha_i} + \dfrac{\alpha_i}{\vartheta_i} \cdot \dfrac{\beta_i + \vartheta_i}{\beta_i - \alpha_i} \cdot \left(g_j - g_i - \dfrac{L_a}{\vartheta_i}\right) \end{cases} \tag{6-26}$$

式中,α_i 和 β_i 可以通过交通波模型计算得到。因为研究考虑是在交通拥堵的情况下,即将形成动态交通瓶颈时,开始实施交通瓶颈控制与诱导协同,所以此时的排队长度 $L_2 < L_2^{up}$,选择式(6-23)构成协同模型的一个约束条件,实际上该式是对 ψ 和 g_i 的进一步约束。

6.2.6 模型的数学表达

建立的动态交通瓶颈控制与诱导协同优化模型如下:

当 $L_2 \leqslant L_2^{up}$ 时,由式(6-1)、式(6-21)和式(6-23)～式(6-25)得

$$J = \min \sum_{a \in A} \int_0^{x_a(t)} t_a(t)(x_a(t)) \mathrm{d}x$$

$$\text{s.t.} \begin{cases} \dfrac{\beta_i}{\vartheta_i} \cdot \dfrac{\vartheta_i + \alpha_i}{\alpha_i \beta_i + \alpha_i - \beta_i} \cdot \left[\dfrac{\alpha_i \beta_i}{\beta_i - \alpha_i}(g_i - g_j) - L_a \gamma_a\right] \leqslant \psi \leqslant \\ g_i + \dfrac{L_i \alpha_i}{\vartheta_i^2} \cdot \dfrac{\vartheta_i + \alpha_i}{\beta_i - \alpha_i} + \dfrac{\alpha_i}{\vartheta_i} \cdot \dfrac{\beta_i + \vartheta_i}{\beta_i - \alpha_i} \cdot \left(g_j - g_i - \dfrac{L_a}{\vartheta_i}\right) \\ \sum_a x_a(t) = \sum_a x_a(t+1) \\ T = \max\{T_1, T_2, \cdots, T_n\} \\ 30 \leqslant T \leqslant 200 \\ e \leqslant g \leqslant T - (m-1)e, \qquad\qquad e = 6 \\ \psi_{\text{上}} + \psi_{\text{下}} = T \\ 0 \leqslant \psi \leqslant T \end{cases} \tag{6-27}$$

通过对上述模型的求解,可以得到路网中所有交叉口的信号配时参数,即 T、g、ψ,也可以得到所有路段的流量分配值 $x(t+1)$,进而得到所有路段的诱导交通流量 $\Delta x = x(t+1) - x(t)$。但是,在实际的交通诱导中,诱导服从率并不是百分之百的,具体的诱导服从率达到多少也有很多专家和学者调查过,如 Erke 等、崔后盾、张彪等。因此,通过经验和相关研究成果相结合的办法来确定一个合理的诱导服从率 δ,取 $\delta = 0.4$,然后将诱导信息 $\frac{\Delta x}{\delta}$ 发布给辆车,实现 Δx 辆车的诱导。

6.3 基于 MR 的并行遗传算法求解协同模型

协同模型的求解是一个重要的环节,其求解的速度和质量,直接关系到交通控制与诱导的效果。协同模型的求解问题是一个复杂系统的优化问题,遗传算法为求解这类问题提供了通用的框架,并且具有普遍的适用性,因此运用遗传算法求解构建的协同模型。第3章已经分析遗传算法存在两个缺点:①容易过早收敛,陷入局部最优;②在选择、交叉、变异等步骤耗时多,效率太低。考虑遗传算法自身携带着并行性,基于 MapReduce 实现粗粒度并行遗传算法,在避免遗传算法局部收敛的同时提高遗传算法求解协同模型的效率。

6.3.1 染色体编码与解码

本章设计的协同模型中的参数包括流量 $[x_1, x_2, \cdots, x_{n_1}]$、绿灯时长 $[g_1, g_2, \cdots, g_{n_2}]$ 和相位差 $[\psi_1, \psi_2, \cdots, \psi_{n_3}]$,$n = n_1 + n_2 + n_3$ 为变量的个数。首先要把所有的参数进行编码,即将其转化成遗传算法能够识别的编码串形式,采用二进制编码方式对其进行编码。假设参数的取值范围为 $[U_{min}, U_{max}]$,编码长度为 l,即该参数需要 l 位进制编码,编码为 $X: b_l b_{l-1} b_{l-2} \cdots b_2 b_1$,则

$$00000000\cdots00000000 = 0 \quad \rightarrow \quad U_{min}$$

$$11111111\cdots11111111 = 2^l - 1 \quad \rightarrow \quad U_{max}$$

该参数的解码公式为

$$x = U_{min} + \left(\sum_{i=1}^{l} b_i \cdot 2^{i-1} \right) \cdot \frac{U_{max} - U_{min}}{2^l - 1} \tag{6-28}$$

将 3 个参数 x、g 和 ψ 分别进行二进制编码,编码长度分别为 l_1、l_2 和 l_3,则染色体的总长度为 $l_1 + l_2 + l_3$,参数的解码公式为

$$x_i = 0 + X \cdot \sum_{j=1}^{k} \frac{a_{ij} 2^{j-1}}{2^k - 1} \tag{6-29}$$

$$g_i = e + [T - (m-1)e] \cdot \sum_{j=1}^{k} \frac{b_{ij} 2^{j-1}}{2^k - 1} \tag{6-30}$$

$$\psi_i = 0 + T \cdot \sum_{j=1}^{k} \frac{c_{ij} 2^{j-1}}{2^k - 1} \tag{6-31}$$

式中，X 为协同区域内的交通总需求量，$X = \sum_a x_a(t)$；a_{ij} 为第 i 个流量 x_i 的第 j 位的二进制码；b_{ij} 为第 i 个绿灯时长 g_i 的第 j 位的二进制码；c_{ij} 为第 i 个相位差 ψ_i 的第 j 位的二进制码。

6.3.2　评价函数

适应度函数是进行自然选择的唯一标准，通过定义一个合适的适应度函数来指导下一代的进化，进而提高遗传算法的速率和解的质量。通常情况下，适应度函数是由所求问题的目标函数直接转化而成，所建立的目标函数为 $J = \min C = \min \sum_{a \in A} \int_0^{x_a(t)} t_a(t)(x_a(t))\mathrm{d}x$，因此所建立的适应度函数为

$$f = \frac{1}{1 + \sum_{a \in A} \int_0^{x_a(t)} t_a(t)(x_a(t))\mathrm{d}x} \tag{6-32}$$

该适应度函数的建立思想简单，主要是基于"界限构建法"建立的，一方面保证了选择操作中的概率非负；另一方面避免了因函数值差距大造成的种群平均性能弱化的问题。

6.3.3　遗传算子

1. 选择算子

在进行了适应度评价以后，通过选择运算，将适应度值较高的个体遗传给下一代，采用轮盘赌法进行选择。适应度值为 $f(i)$ 的个体被选择的概率为

$$P_n(i) = f(i) \Big/ \sum_{i=1}^{N} f(i) \tag{6-33}$$

2. 交叉算子

通过交叉运算可以将优秀的基因保存下来，构成一个新个体。采用单点交叉法进行交叉运算，先确定一个交叉点选择区域，然后在这个区域内选择一个交叉点，保证进行交叉运算以后生成一个新的个体。交叉点选择区域 $\{V_{\max}, V_{\min}\}$ 通过式(6-34)确定。例如：已知染色体 k_i 和 k_j，且 $k_i = 1101101$ 和 $k_j = 1010011$，则其交叉区域为 $\{2, 6\}$。

$$V_{\max} = \max\{m \mid k_{im} \neq k_{jm}, m = 1, 2, \cdots, M\} \qquad (6\text{-}34)$$

$$V_{\min} = \min\{m \mid k_{im} \neq k_{jm}, m = 1, 2, \cdots, M\} \qquad (6\text{-}35)$$

式中, m 为染色体的一连串二进制编码中的第几位; i, j 为被选择的第几个染色体。

采用自适应调整的交叉率函数确定个体是否被选择,尽可能保存适应度值高的个体,避免出现早熟现象。概率函数为

$$P_c(i) = \begin{cases} K_1 N(f_{\max} - f')/(f_{\max} - \bar{f}), & f' \geqslant \bar{f} \\ K_2, & f' < \bar{f} \end{cases} \qquad (6\text{-}36)$$

式中, K_1、K_2 为调整系数; $f_{\max}$ 为当前代的最大适应度值; $\bar{f}$ 为当前代平均适应度值; f' 为当前代互相交叉的两个个体中适应度值较大的; N 为染色体长度。

3. 变异算子

为了不断对子代个体进行进化,替换掉较差的个体,以交叉操作为主导,以变异操作为辅助,既提高了算法的全局搜索能力,又保持了种群的多样性,避免出现早熟的现象。选择基本位变异法来实现染色体变异,首先通过变异概率确定一个变异点,然后对变异点的基因值进行变换,即基因值由 0 变为 1 或由 1 变为 0,进而产生新的个体。举例说明如图 6-5 所示。

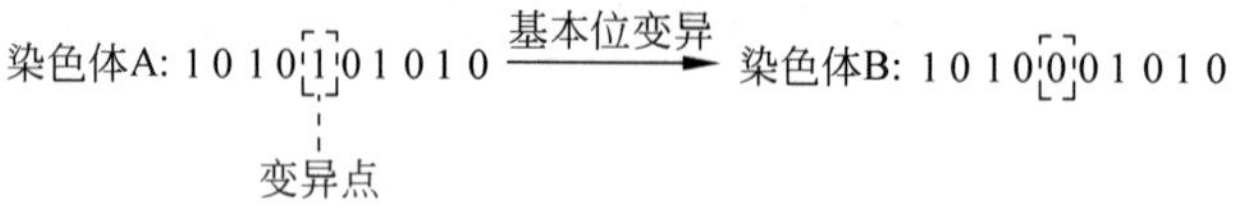

染色体A: 1 0 1 0 1 0 1 0 1 0 —— 基本位变异 ——→ 染色体B: 1 0 1 0 0 0 1 0 1 0

变异点

图 6-5 基本位变异示意图

为了避免破坏优秀的个体,通常情况下变异率取值较小,通过自适应的变异率函数进行确定。概率函数为

$$P_m(i) = \begin{cases} K_1 N(f_{\max} - f_i)/(f_{\max} - \bar{f}), & f_i \geqslant \bar{f} \\ K_2, & f_i < \bar{f} \end{cases} \qquad (6\text{-}37)$$

式中, K_1、K_2 为调整系数; $f_{\max}$ 为当前代的最大适应度值; $\bar{f}$ 为当前代平均适应度值; f_i 为当前代个体 i 的适应度值; N 为染色体长度。

6.3.4 协同模型求解算法

第 3 章已经研究过遗传算法的 MapReduce 并行化,这里不再赘述。对于协同模型的求

解是一个最优化问题,采用基于 MapReduce 的并行遗传算法求解协同模型的流程如图 6-6 所示。具体步骤如下:

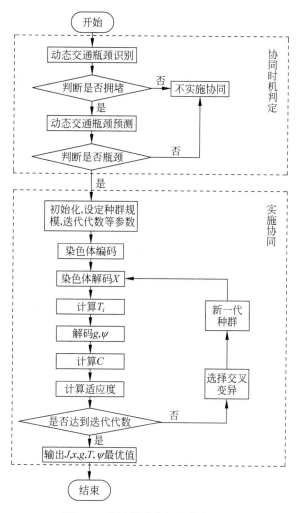

图 6-6   协同模型求解算法流程图

（1）确定协同时机。当路网中某路段处于拥堵状态,并且预测下一时段该路段即将形成动态交通瓶颈时,立刻实施交通瓶颈控制与诱导协同;否则,不实施交通瓶颈控制与诱导协同。

（2）初始化种群。由主节点实现种群初始化,设置遗传算法的基本参数,主要包括种群规模 M、染色体长度 n、最大进化代数 N,并将基本参数分配到从节点上。

（3）染色体编码。主节点采用二进制编码法对种群进行编码,在各个参数的取值范围内随机产生种群规模数量的染色体,并将种群平均分为 M 个子种群,并将 M 个子种群分配

到 M 个从节点上。

（4）染色体解码。每个从节点调用 Map 函数，定义子种群编号为键，染色体为值，根据式(6-29)对所有染色体中对应的 $x_1,\cdots,x_n$ 进行染色体解码，求得 $x_1,\cdots,x_n$ 的值。

（5）计算信号周期。每个从节点调用 Map 函数，以得到的 $x_1,\cdots,x_{n_1}$ 为基础数据，用 Webster 方法计算交叉口的信号周期时长，并根据取最大的原则，选取所有信号周期时长中最大的，确定为公共的信号周期 $T=\max\{T_1,T_2,\cdots,T_n\}$。

（6）染色体解码，得到 T。每个从节点调用 Map 函数，根据式(6-30)和式(6-31)对所有染色体的后几位解码，进而得到 $[g_1,g_2,\cdots,g_{n_2}]$、$[\psi_1,\psi_2,\cdots,\psi_{n_3}]$ 的值。

（7）计算总的行程时间。每个从节点调用 Map 函数，根据 6.2 节行程时间计算函数，计算实时协同的区域路网总的行程时间 $C=\sum_{a\in A}\int_0^{x_a(t)}t_a(t)(x_a(t))\mathrm{d}x$。

（8）计算适应度。每个从节点调用 Map 函数，根据适应度函数式(6-32)计算适应度值，并将相同的键对应的值归约起来，存储到 Hadoop 的分布式文件系统 HDFS 中。

（9）算法结束条件判断。判断是否达到最大进化代数 N，如果达到，则输出 J,x,g,ψ,T 值，并作为最优值；否则，转到步骤(10)。

（10）选择运算。主节点读取中间结果的位置，并把该位置告知 Reduce。从节点调用 Reduce 函数，读取中间结果，采用轮盘赌选择法选择适应度值相对较高的个体遗传给下一代。

（11）交叉和变异运算。从节点调用 Reduce 函数，分别采用单点交叉法和基本位变异法对染色体进行交叉和变异运算，生成新一代个体，并存储到 HDFS 中，转到步骤(4)。

（12）算法终止条件判断。不断更新算法的进化代数，直到达到最大进化代数 N，输出 J,x,g,ψ,T 值，算法终止。

6.4 协同模型的应用实例

构建如图 6-7 所示的区域路网，并以其为研究对象验证所提出协同模型的有效性和求解算法的有效性和高效性。区域路网包含 12 个交叉口，17 条路段。其中，10 条路段为双向 6 车道，7 条路段为双向 4 车道，所有交叉口均为两相位信号控制，区域路网中各路段的基本参数情况如表 6-1 所示。其中，交叉口 6、8 的信号配时为 $(C,g)=(80\mathrm{s},37\mathrm{s})$，交叉口 1、2、3、4、5、7、9、10、11、12 的信号配时为 $(C,g)=(90\mathrm{s},42\mathrm{s})$。

该区域路网中的所有交叉口均为两相位，相位相序设置如图 6-8 所示。

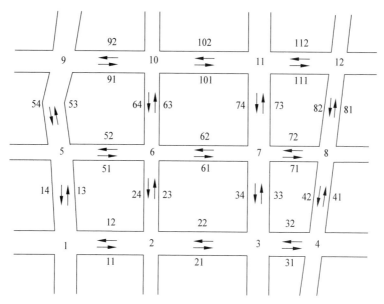

图 6-7　协同算法实验路网

表 6-1　实验路网基本参数

序　号	路　段　编　号	路段长度/m	路　段　参　数
1	1-2	751	双向 6 车道
2	2-3	1160	双向 6 车道
3	3-4	530	双向 6 车道
4	1-5	917	双向 6 车道
5	5-9	1021	双向 6 车道
6	2-6	828	双向 4 车道
7	6-10	828	双向 4 车道
8	3-7	828	双向 6 车道
9	7-11	828	双向 6 车道
10	4-8	924	双向 4 车道
11	8-12	927	双向 4 车道
12	5-6	920	双向 4 车道
13	6-7	1160	双向 4 车道
14	7-8	635	双向 4 车道
15	9-10	915	双向 6 车道
16	10-11	1160	双向 6 车道
17	11-12	674	双向 6 车道

直左右比例为 14：3：3

交通构成为小汽车：公交车＝4：1

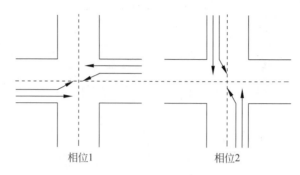

图 6-8　两相位交叉口的相位相序设置

　　利用 VISSIM4.3 仿真软件构建模拟路网,如图 6-9 所示,并对路网各个参数进行相关设置。其中,流量设置分为 6 个时间段,呈现出流量不断增加的状态,如图 6-10 所示。检测器布置在交叉口各个入口道上游 30～40m 的位置。仿真时间为 10800s,设置为每 300s 采集一次交通参数数据。

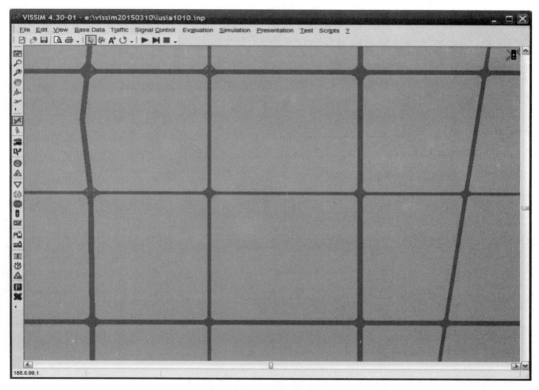

图 6-9　仿真区域路网图

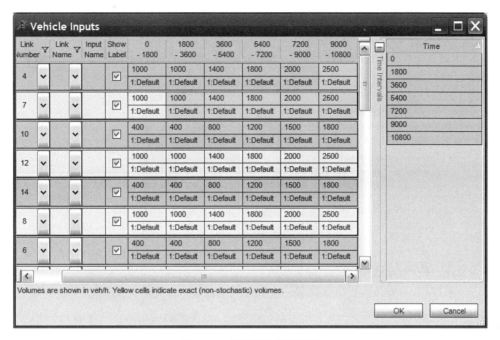

图 6-10　仿真路网流量设置

6.4.1　算法参数设置

由于下行相位差可以通过周期和上行相位差做差获得,需要进行染色体编码的变量包括流量 $x_1, x_2, \cdots, x_{34}$、绿灯时长 $g_1, g_2, \cdots, g_{12}$ 和上行相位差 $\psi_1, \psi_2, \cdots, \psi_{12}$,一共 58 个变量组成一条染色体,染色体长度为 $l = l_1 + l_2 + l_3 = 12 \times 34 + 6 \times 12 + 7 \times 12 = 564$。种群规模 $M = 200$,最大迭代代数 $N = 200$,交叉概率 $P_c(i)$ 和变异概率 $P_m(i)$ 是通过自适应函数不断调整的。取 Hadoop 集群的并行节点数为 2、4、6、8,分别进行实验。串行遗传算法和并行遗传算法的基本参数设置完全相同。

6.4.2　部分程序代码设计

主函数:

```
public class GA {

    private static final String rootDir = "/GAtest";
    private static final String result = "result";
    public static int PopSize = 200;                        //种群规模
    public static int nReducer = 6;                         //并行节点数
```

```java
        public static int strLen = 564;                          //染色体长度
        public static int totalIteration = 200;                  //最大迭代次数

    public static void init (Configuration conf, Path path, int num, int nbits) throws IOException
    {//将随机生成的二进制串写到 hdfs
        //conf.set("fs.default.name","hdfs://master:9000");
        Random rd = new Random();
        FileSystem hdfs = FileSystem.get(conf);
        FSDataOutputStream fo = hdfs.create(path);
        for(int i = 1; i <= num; i++){
            String str = new String();
            for(int j = 1; j <= nbits; j++){
                // 0,1 sequence
                int tmp = rd.nextInt(2);
                str += Integer.toString(tmp);
            }
            //fo.writeChars(str);
            str += "\n";
            fo.writeBytes(str);
        }
        fo.close();
        System.out.println("The first generation generated! File located in:" + path.toString());
    }

    public void map(Object key, Text value, Context context)
    throws IOException, InterruptedException{

        int fit = caculateFitness(value.toString().trim());     //计算适应度值
        ind = new IndFit(value.toString().trim(),fit);

        if (fit > currentMaxFit)
        {
            currentMaxFit = fit;
            currentBestIndividual = value.toString().trim();    //找出最佳个体
        }

        processed++;
        context.write(new IntWritable(currentReducerKey), ind);
        System.out.println("Map emitted:" + ind.getInd() + " " + ind.getVal());
        if(processed % numPerReducer == 0 ){
            currentReducerKey ++;
        }

        if(processed == PopSize){
            System.out.println("Iteration:" + context.getConfiguration().get("iteration") +
    ".Writing result...");
            writeResult( context);
```

```java
    }
}

public void writeResult(Context con) throws IOException{        //将中间结果写到 hdfs
    FileSystem hdfs = FileSystem.get(con.getConfiguration());
    FSDataOutputStream fo;
    FSDataInputStream fi;
    Path p = new Path(rootDir,result);
    //如果结果文件存在,就复写它
    Path tmp = new Path(rootDir,result + ".tmp");
    if(hdfs.exists(p) == false){
        fo = hdfs.create(p);
    }
    else{
        fi = hdfs.open(p);
        fo = hdfs.create(tmp);
        byte buffer[] = new byte[1024];
        int t;
        while((t = fi.read(buffer)) > 0){
            fo.write(buffer, 0, t);
        }
        fi.close();
    }
    fo.writeBytes(currentBestIndividual + "\t" + currentMaxFit + "\n");
    fo.close();
    if(hdfs.exists(tmp)){
        hdfs.delete(p,true);
        hdfs.rename(tmp, p);
    }

    System.out.println("Iteration:" + con.getConfiguration().get("iteration") + ".Result
writed at " + p.toString());
}

public void selectionAndMutation() throws IOException,InterruptedException{
    Random r = new Random();                            //选择和变异
    double[] prob = new double[processed];

    prob[0] = ((double)fits.get(0))/totalFitness;
    for(int i = 1;i < processed;i++){
        prob[i] = ((double)fits.get(i))/totalFitness + prob[i-1];

    }


    for(int i = 1;i <= processed;i++){
```

```
            int j1,j2;
            double t1 = r.nextFloat();
            double t2 = r.nextFloat();

            for(j1 = 0;j1 < processed;j1++){
                if(t1 <= prob[j1])
                    break;
            }
            for(j2 = 0;j2 < processed;j2++){
                if(t2 <= prob[j2])
                    break;
            }

            String s1 = individuals.get(j1);
            String s2 = individuals.get(j2);
            if(pc >= r.nextFloat()){ //crossover
                int pos = r.nextInt(strLen);
                if(pos == 0) pos = 1;
                String s1_ = "",s2_ = "";
                s1_ = s1.substring(0,pos) + s2.substring(pos, strLen);
                s2_ = s2.substring(0,pos) + s1.substring(pos, strLen);
                s1 = s1_;
                s2 = s2_;
            }
            if(pm >= r.nextFloat()){
                int pos = r.nextInt(strLen);
                StringBuffer sb = new StringBuffer(s1);
                if(s1.charAt(pos) == '0'){
                    sb.setCharAt(pos, '1');
                }
                else sb.setCharAt(pos, '0');
                s1 = sb.toString();
            }
            if(pm >= r.nextFloat()){
                int pos = r.nextInt(strLen);
                StringBuffer sb = new StringBuffer(s2);
                if(s2.charAt(pos) == '0'){
                    sb.setCharAt(pos, '1');
                }
                else sb.setCharAt(pos, '0');
                s2 = sb.toString();
            }
            context_.write(new Text(s1), new Text(""));
            context_.write(new Text(s2), new Text(""));
        }
    }
```

6.4.3 协同结果

通过 VISSIM 仿真,实时观测路网中交通流量的变化,并且每 300s 采集一次交通参数数据。仿真中观测到,随着流量的不断增加,车辆的速度开始变慢,出现排队长度。当仿真进行到 7500s 时,部分路段的排队长度比大于 0.3,如图 6-11 所示,此时判断交通状态为拥堵,采集到的交通参数数据如表 6-2 所示。

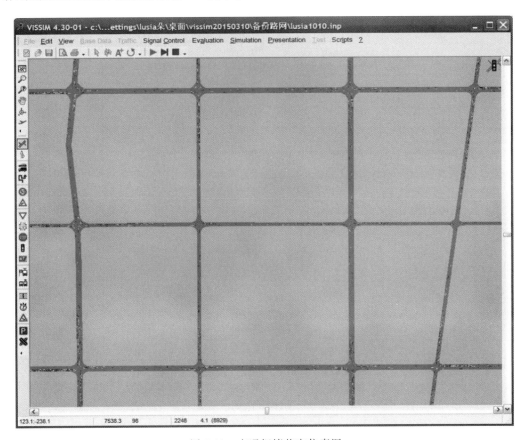

图 6-11　交通拥堵状态仿真图

1. 确定协同时机

在仿真时间段 7500～7800s 时,对路网中各路段的交通状态进行识别,得到协同前路网交通参数数据表,如表 6-2 所示。同时,对下一时间段 7800～8100s 的动态交通瓶颈进行预测,得到预测结果如表 6-3 所示。由表 6-2 和表 6-3 可以确定协同时机,所以对区域路网实施交通瓶颈控制与诱导协同。

表 6-2　7500～7800s 的动态交通瓶颈识别结果

路段	平均行程速度	路段饱和度	占有率	排队长度比	交通状态
1-2	32.15	0.723	0.251	0.132	畅通
2-3	23.31	0.745	0.567	0.367	拥堵
3-4	38.83	0.629	0.313	0.123	畅通
4-3	20.36	0.672	0.652	0.478	拥堵
3-2	36.48	0.602	0.193	0.135	畅通
2-1	38.50	0.645	0.261	0.128	畅通
1-5	35.47	0.726	0.284	0.132	畅通
5-9	36.89	0.675	0.223	0.128	畅通
9-5	40.67	0.634	0.265	0.135	畅通
5-1	19.67	0.648	0.352	0.474	拥堵
2-6	37.50	0.781	0.265	0.168	畅通
6-10	29.95	0.589	0.249	0.163	畅通
10-6	39.38	0.873	0.270	0.156	畅通
6-2	23.99	0.776	0.529	0.346	拥堵
3-7	35.27	0.755	0.148	0.138	畅通
7-11	20.22	0.753	0.512	0.345	拥堵
11-7	38.59	0.590	0.293	0.168	畅通
7-3	18.27	0.587	0.638	0.424	拥堵
4-8	35.79	0.765	0.264	0.167	畅通
8-12	23.20	0.823	0.572	0.342	拥堵
12-8	36.24	0.543	0.333	0.198	畅通
8-4	19.32	0.956	0.787	0.527	拥堵
5-6	38.72	0.761	0.151	0.181	畅通
6-7	35.64	0.634	0.271	0.324	畅通
7-8	32.91	0.780	0.346	0.294	畅通
8-7	36.72	0.761	0.270	0.281	畅通
7-6	34.52	0.518	0.359	0.173	畅通
6-5	24.79	0.848	0.457	0.692	拥堵
9-10	32.81	0.655	0.235	0.231	畅通
10-11	38.22	0.678	0.337	0.178	畅通
11-12	36.18	0.753	0.420	0.225	畅通
12-11	20.60	0.881	0.564	0.762	拥堵
11-10	29.95	0.635	0.315	0.175	畅通
10-9	32.73	0.870	0.261	0.167	畅通

表 6-3 7800～8100s 的动态交通瓶颈预测结果

路段	平均行程速度	路段饱和度	占有率	排队长度比	交通状态
1-2	22.23	0.834	0.278	0.538	拥堵
2-3	18.34	0.867	0.235	0.647	拥堵
3-4	36.45	0.567	0.123	0.178	畅通
4-3	20.36	0.845	0.652	0.375	拥堵
3-2	39.21	0.654	0.135	0.167	畅通
2-1	33.46	0.723	0.209	0.178	畅通
1-5	29.21	0.734	0.184	0.246	畅通
5-9	33.35	0.678	0.123	0.127	畅通
9-5	30.58	0.668	0.165	0.232	畅通
5-1	13.78	0.867	0.278	0.503	瓶颈
2-6	38.23	0.623	0.224	0.168	畅通
6-10	28.45	0.645	0.245	0.189	畅通
10-6	35.35	0.576	0.213	0.134	畅通
6-2	7.99	0.856	0.567	0.679	瓶颈
3-7	34.26	0.655	0.169	0.238	畅通
7-11	20.34	0.856	0.267	0.245	拥堵
11-7	35.65	0.591	0.198	0.168	畅通
7-3	19.12	0.879	0.634	0.387	拥堵
4-8	32.13	0.565	0.213	0.162	畅通
8-12	12.45	0.945	0.587	0.523	瓶颈
12-8	31.65	0.643	0.135	0.156	畅通
8-4	14.76	0.920	0.598	0.587	瓶颈
5-6	33.74	0.761	0.146	0.281	畅通
6-7	35.65	0.538	0.199	0.244	畅通
7-8	30.86	0.603	0.145	0.237	畅通
8-7	31.56	0.668	0.215	0.267	畅通
7-6	33.78	0.635	0.231	0.156	畅通
6-5	13.23	0.936	0.715	0.645	瓶颈
9-10	32.44	0.578	0.135	0.212	畅通
10-11	21.45	0.824	0.238	0.336	拥堵
11-12	32.13	0.634	0.189	0.213	畅通
12-11	20.93	0.845	0.324	0.365	拥堵
11-10	30.75	0.673	0.145	0.203	畅通
10-9	23.84	0.869	0.278	0.156	拥堵

通过表 6-2 和表 6-3 可以看出,路段 5-1、6-2、8-12、8-4、6-5 在仿真时间段 7500～7800s 时处于交通拥堵状态,在下一时间段 7800～8100s 预测这几条路段处于动态交通瓶颈状态,因此应该及时对路网实施交通控制与诱导协同。

2. 实施协同

将时段 7500～7800s 得到的路网交通数据分别输入并行遗传算法和串行遗传算法程序,运行得到交通瓶颈控制与诱导的变量值,如表 6-4 和表 6-5 所示。可以看出,在模型的求解结果方面,两种算法得到的结果差别不大;但是从路段行程时间看,并行算法的效果更好,原因是遗传算法的并行化处理可以弥补其自身存在的不足,从而提高最优解的质量。

表 6-4 信号配时参数求解结果

求解算法	(周期 C,有效绿灯时间 g)/s					
	交叉口 1	交叉口 2	交叉口 3	交叉口 4	交叉口 5	交叉口 6
串行	(95,40)	(95,37)	(95,37)	(95,37)	(95,35)	(95,37)
并行	(100,44)	(100,41)	(100,44)	(100,43)	(100,43)	(100,41)
求解算法	(周期 C,有效绿灯时间 g)/s					
	交叉口 7	交叉口 8	交叉口 9	交叉口 10	交叉口 11	交叉口 12
串行	(95,40)	(95,35)	(95,40)	(95,37)	(95,37)	(95,37)
并行	(100,45)	(100,42)	(100,45)	(100,43)	(100,45)	(100,45)

表 6-5 路段参数求解结果

路段	x_a/veh		ψ_a/s		$t_a(t)$/s	
	串行	并行	串行	并行	串行	并行
1-2	54	54	51	56	105.9	103.9
2-3	62	60	53	58	134.8	149.2
3-4	36	37	54	53	78.7	68.8
4-3	40	38	41	47	67.4	66.3
3-2	64	60	42	42	154.2	152.6
2-1	50	56	44	44	102.5	108.3
1-5	61	58	53	56	125.8	122.6
5-9	58	56	52	57	108.8	105.8
9-5	56	53	43	43	108.2	109.4
5-1	65	58	42	44	112.4	118.6
2-6	35	34	50	53	98.9	82.8
6-10	34	36	53	57	78.0	78.4
10-6	35	34	42	43	78.4	76.7
6-2	37	33	45	47	89.4	87.3
3-7	36	34	51	52	78.1	78.8
7-11	34	38	45	48	89.1	82.3
11-7	35	32	50	52	89.9	84.8
7-3	34	34	44	48	76.8	76.2
4-8	57	55	53	56	113.7	114.7

续表

路段	x_a/veh		ψ_a/s		$t_a(t)$/s	
	串行	并行	串行	并行	串行	并行
8-12	58	54	50	57	112.4	115.1
12-8	56	54	45	43	121.2	108.7
8-4	54	53	42	44	117.5	119.2
5-6	55	56	43	45	85.8	82.8
6-7	50	47	54	58	110.8	107.1
7-8	28	27	43	45	66.2	60.2
8-7	30	32	52	55	68.4	62.8
7-6	52	48	41	42	102.9	105.3
6-5	36	38	52	55	88.0	82.4
9-10	38	38	55	52	89.4	80.3
10-11	48	44	51	58	108.4	101.8
11-12	45	42	52	56	97.1	97.1
12-11	44	42	43	44	98.1	89.6
11-10	46	45	44	42	98.3	98.2
10-9	39	36	40	48	83.2	78.5

串行总行程时间：153481s

并行总行程时间：151618s

以并行遗传算法计算得到的公共周期 T、流量 $x_1,x_2,\cdots,x_{34}$、绿灯时长 $g_1,g_2,\cdots,g_{12}$ 和上行相位差 $\psi_1,\psi_2,\cdots,\psi_{12}$ 为基础,进一步计算得到每个交叉口的第二相位绿灯时长、下行相位差和诱导交通量 $\Delta x = x(t+1) - x(t)$。通过 VISSIM4.3 的感应信号控制模块 (Vehicle Actuated Programming,VAP)实现交通控制,及时卸载路段上的交通流量,并通过 VISSIM4.3 的动态交通分配模块实现整个区域路网的流量均衡。利用 VISSM4.3 模拟实施协同之后的路网交通状况,如图 6-12 所示。可以看出,区域路网的交通状况得到了一定的改善,预测将要形成动态交通瓶颈的路段 5-1、6-2、8-12、8-4 和 6-5 上的交通流量有所减少,其他路段的交通流量有所增加。

为了进一步验证所构建的交通瓶颈控制与诱导协同模型的有效性,以协同前的交通数据和并行遗传算法求解得到的参数数据为基础,对实施协同前后路网中各路段的流量和行程时间分别进行了对比,如图 6-13 和图 6-14 所示。

由图 6-13 可以看出,实施协同以后,路网中各路段的流量得到了均衡,协同前相对拥堵的路段,经过协同后,将流量分配到别的路段上,避免造成拥堵蔓延,甚至"锁死"的现象;由图 6-14 可以看出,路网中各路段的行程时间均有所减少,因此,总的行程时间也是减少的,证明了所提出模型的有效性。

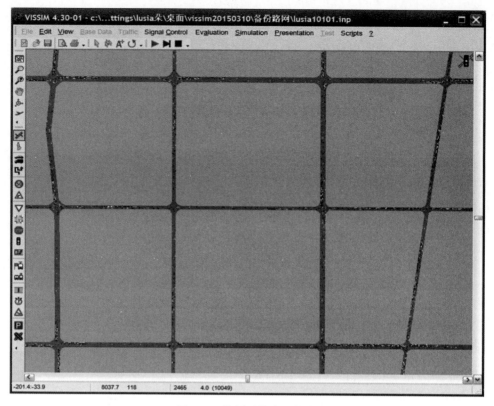

图 6-12　协同后的交通状态

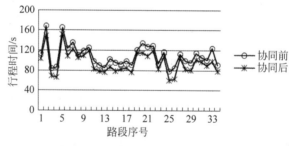

图 6-13　协同前后各路段流量对比图

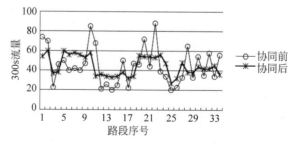

图 6-14　协同前后各路段行程时间对比图

为了验证基于 MapReduce 的遗传算法在求解协同模型上的高效性和扩展性,以求解模型的运行时间和加速比为评价指标,对并行遗传算法进行了进一步评价,如图 6-15 和图 6-16 所示。

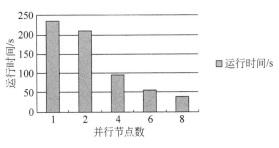

图 6-15　运行时间对比图

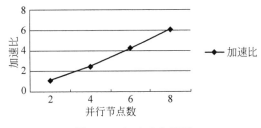

图 6-16　加速比曲线图

并行节点数为 1 时为串行遗传算法。由图 6-15 可以看出,当并行节点数为 2 时,并行算法的优势并不是很明显,因为并行节点数过少,Map 阶段会花费较多的时间。随着并行节点数的增加,基于 MapReduce 的遗传算法的优势得到明显的体现,运行时间减少的幅度变大,当并行节点数增加到 8 时,运行时间减少的幅度变小,原因是随着并行节点数的增加,并行节点之间的通信负荷会逐渐加大。因此,在预测过程中恰当地选择并行节点数,可以取得良好的性能比,节省资源,提高效率。

图 6-16 是基于 MapReduce 的遗传算法求解模型的加速比曲线,可以看出,随着并行节点数的增加,算法的加速比越来越大,说明基于 MapReduce 的遗传算法具有良好的扩展性。当并行节点数为 8 时,加速比为 $S_8 = 236.45s / 38.64s = 6.12$,说明并行算法比串行算法快 6 倍多,最佳运行时间 38.64s,满足交通瓶颈控制与诱导的需求。

第7章 智能交通云系统的设计

本章要点

智能交通系统是个庞大的系统,它由智能交通监控系统、城市交通流诱导系统、电子警察系统、智能公交管理系统及突发事件响应系统等子系统组成。基于云计算的智能交通系统设计方案对于每个子系统都是适用的,以城市交通流诱导系统即先进出行信息系统为例对基于云计算的智能交通系统的设计与构建进行研究,其余子系统与先进出行信息系统设计模式一样。

7.1 系统需求分析

基于云计算的先进出行信息系统主要实现以下功能:实时路况导航功能、车辆门禁管理、停车位的预定以及车辆保养提醒等,如图 7-1 所示。在这几大功能中,本章将对实时路况导航功能进行详细的分析和设计,其余功能只做一般阐述。

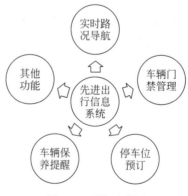

图 7-1 系统功能图

基于云计算的先进出行信息系统的最主要特点是将所有终端的请求服务都放在"云"端处理,每一个用户既是服务的使用者,同时也是服务的提供者,都是大"云服务"里的一朵"小云"。每一个用户都是"云服务"中不可或缺的组成部分。

对于一些二线城市,政府对于智能交通基础设施的投入受地方经济发展的局限不可能像北京、上海等一线城市那样大力投入,但这些城市依然存在着交通拥堵的顽疾。云计算可以实现这些城市的发展瓶颈,通过现有的电信基础网络,构建先进的出行信息系统,在一定程度上缓解这些城市的交通压力。同时,基于云计算的智能交通系统构建是以共享信息为基础的,这也为以后实现各个城市之间交通信息的共享提供了条件,用户开车到了另外一个城市,只需在终端设备上选择所在的城市就可以直接享受"云"端提供的出行信息服务,而不需要在终端中提前装入该城市的地图等信息;另一方面,基于"云"端的服务也省去了用户需要不断更新地图的麻烦,所有的更新都在"云"端完成,用户得到一定是最新的服务,真正实现按需服务的愿望。

基于云计算的先进出行信息系统主要针对私家车用户和出租车用户为目标,通过对服务范围内的实时交通数据的采集、处理和分析,最后对短时的交通流做出预测得到最优路径并将信息发布给用户,使用户可以提前避开拥堵的路段,缓解城市的交通压力。这里最优路径选择的算法非常关键,它关系到短时交通流预测的准确度,最终影响到导航的效果和用户的满意度。对路径选择算法的两个标准:全局优化问题和实时性。全局优化是指系统规划者期望得到一种网络交通流的全局最优化分布状态。遗传算法适合全局寻优和并行运行,是比较理想的选择。现在根据服务数据来源,系统分析如下。

1. 私家车出行路径指导服务

私家车出行者在出发前需要了解其适宜的行驶路线,做到心中有数,找出最优路径往往也意味着最短时间和最少费用。系统根据此需求提出从出发地到目的地的最优路径查询服务。

2. 路况信息服务

出行者需要了解实时路况信息,例如道路拥堵程度,道路是否封闭、维修和管制等。路况信息关系到出行者是否延时出行、是否绕道、是否能按时到达目的地等,对出行者来说这些都是非常重要的。系统据此提供动态路况信息通报服务,包括道路是否封闭、维修和管制、道路预测的拥堵程度等信息。

3. 道路及行程相关信息查询服务

出行者需要选择行驶路线,了解所经道路名称、道路等级、行驶里程、通行费用等有关信息,所以系统需提供以下道路及行程相关信息查询:出行路线选择,了解所经道路的名称、道路等级、行驶长度、所需费用等;道路相关服务设施信息,如加油站、停车场等;公路附属设施,如出入口、收费站、匝道的位置、名称等。

4. 电子地图服务

纸质交通地图一直是出行者常用的信息媒介,出行者需要从地图上了解目的地的位置、行车路线等,特别是私家车出行者从交通地图上获取的信息占其出行信息的 60% 左右。电子地图与纸质地图相比有无限放大、动态查找、路径分析等优点,可为出行者提供更方便的服务。电子地图服务提供地名查询、路名及等级查询、最优路径查询等。

7.2 系统总体设计模型

基于云计算的先进出行信息系统主要有实时路况导航、出入门禁管理和停车位预定几个大功能组成,其中核心功能是实时路况导航功能,它包括实时交通信息的采集模块、实时交通信息分析和处理模块、短时交通流预测及信息发布模块 3 部分。系统结构模型如图 7-2 所示。

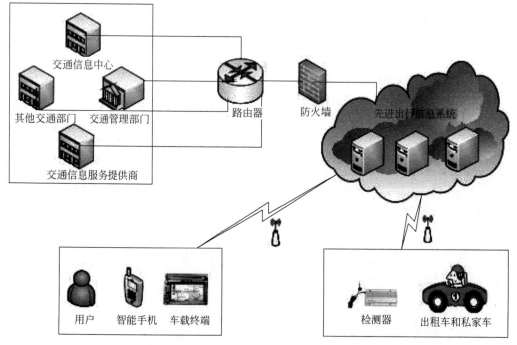

图 7-2 系统结构模型

由图 7-2 可知,要实现系统的逻辑功能,需要在充分利用现有交通信息系统、通信网络资源和信息发布设备的基础上,根据需求进行完善,形成为公众提供较全面和方便的服务能力。交通服务信息采集模块将根据现有交通资源分散在各个交通管理部门,信息化程度不同的具体情况具体处理:对于已经进行信息化、已经形成数据库形式的交通信息,系统通过数据同步、数据复制以及通过集成现有交通系统的报文发送接口技术统一集成现有交通数据;对于目前没有形成数据库形式的交通信息,系统通过提供数据采集管理接口的方式集成现有此类交通数据,在集成数据的基础上进行交通数据资源的综合处理。目前,交通基础数据主要来自交通管理部门、交通信息中心以及其他交通信息服务公司。

动态交通信息解析和预处理模块主要对交通信息进行解析、关联、计算转换等工作,为动态交通信息发布模块服务。在综合采集系统提供的数据基础上,建立路网交通模型,对路网进行综合分析,进而为出行者提供各种最优路径服务,并对路网不同时间段的交通流量和通行能力进行评估和预测,其结果通过发布系统向出行者提供服务。

动态交通信息发布模块在统一的信息基础上,集成各种终端和媒体向公众出行人员提供出行信息服务,使得公众出行者能"不同场合,多种手段"获得出行交通信息服务。根据不同的终端和发布目标,发布方式分为 Web 发布、交通信息报文发送发布、PDA 手持终端和车载终端发布、可变情报板(Variable Message Signboard,VMS)发布。发布的对象主要是针对出行的个人,发布平台可以面向不同的用户群,同时针对不同的对象进行设计和处理发布信息,这样保证了信息发布的效果。结合上面的系统模型图和分析,通过对报文发送基础技术及云计算相关技术的研究,提出了以下基于云计算的先进出行信息系统的整体平台结构。系统采用经典的 MVC 模式设计:第一层是 Web 层,报文发送实现服务组件,各种客户端和用户可以通过 SOAP 协议来调用服务,所以根据实际需要可以设计不同的客户端;第二层是服务层,主要是用 Java 代码实现的各种服务应用,实现后用报文发送包装,客户端就可以调用 Web 服务包装的服务了;第三层是数据层,为本系统的数据库系统,主要操作就是对数据库表的增、删、查和改等功能。具体工作流程如图 7-3 所示。

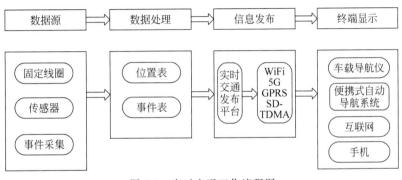

图 7-3　实时交通工作流程图

7.3 系统软件架构设计

7.3.1 交通服务信息采集模块的设计

1. 交通服务信息数据来源和采集手段

交通服务信息可以分为两类,一类是静态信息;另一类是动态信息。静态交通服务信息随时间的变化较缓慢,如道路静态数据、客运路线信息等。动态交通服务信息随时间变化较快,这类信息主要有路况动态信息、车辆定位信息等。静态交通服务信息可以从交通主管部门的数据库导入,动态交通服务信息通过装有全球定位系统(Global Positioning System,GPS)定位装置的浮动车定时上传位置信息获得,其他的如感应检测线圈也是动态交通服务信息的重要来源,但这需要政府的前期投入。对于突发情况信息,如道路维护与管制信息、交通事故信息等,采用手工数据录入的方式将数据导入系统。

2. 功能模块的设计

交通服务信息采集模块负责系统交通信息数据的采集,总体设计功能如图 7-4 所示。

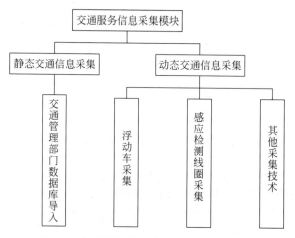

图 7-4 交通服务信息采集模块的整体设计

根据数据源和数据采集手段的不同,大部分数据经过数据存储功能导入到中心数据库中,部分数据获取后需经过数据格式转换,再通过数据存储功能导入到中心数据库中。被采集的数据被分类存储于服务器数据库中的相应数据表中。

7.3.2 交通信息解析和预处理模块的设计

交通信息解析和预处理模块主要负责对交通信息进行实时、动态地处理各类交通信息,如数据的抽取、融合、分析、解析、计算等工作,由浮动车数据处理、服务获取和数据解析、短时交通流预测、最优路径搜索4部分组成。这里的最优路径是全局最优路径,是从保障整个城市交通流畅为目标而得到的最优路径,未必是局部最优,它是由短时交通流预测得出,经试验分析准确性在90%~95%,可以作为最优路径提供给用户。该模块的整体设计如图7-5所示。

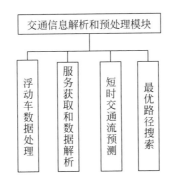

图 7-5 交通信息解析和预处理模块的整体设计

1. 浮动车数据处理

从采集模块中得到的浮动车数据是一个专业的、有针对性的日报表,用户却只关心道路的拥堵情况,所以要对数据进行处理,转换成用户能够理解的形式,如路段某个时间的平均车速、车流量等,达到数据直观、易理解的目的。

2. 服务获取和数据解析

用户出行前提出路线规划信息服务请求,该需求不仅包括道路长度、车道数等道路基础数据,还包括道路实时速度、流量以及驾车偏好等,因此需要对服务进行获取,将服务需求分解成细粒度的、原子的子服务,使出行者的需求得以层次化和条理化,便于进行数据查询及解析。

3. 短时交通流预测

动态导航的相对静态导航的优势就是可以对短期内的交通流量做出预测,方便用户选择自己的最优路径。采用基于非参数回归的方法对短时交通流进行预测,经试验验证,该算法的基本误差保持在 10%以内,具有良好的误差稳定性,可以满足动态车载导航系统对交通信息的要求。

4. 最优路径搜索

私家车路径规划是出行策划的重点,关键是给出最优路线。根据出行者的起点和终点,从路网中搜索出静态路径,同时将静态路径信息与路段浮动车数据进行融合后作为路况信息一起输出给动态交通信息发布模块。

7.3.3　动态交通信息发布模块的设计

动态交通信息发布模块通过多种媒介终端实现动态交通信息的发布,通过构造统一访问接口,一方面获取来自多种媒介的出行需求以供辨识;另一方面适应多种媒介发布交通服务信息的要求,如图 7-6 所示。

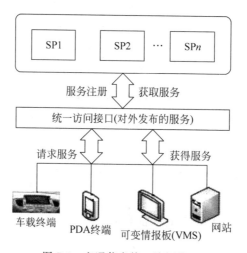

图 7-6　交通信息统一访问接口

各个终端用户需要的是实效有用的交通服务信息,为有效将这些信息按照用户的需求发送到终端用户,动态交通信息发布模块包括网站、移动终端和 VMS 3 种发布方式,同时还提供给交通信息服务商使用的报文发送接口。

动态交通信息发布模块的发布信息来自交通信息解析和预处理模块和信息中心数据库,各个发布子平台以信息中心数据库为核心,并与信息中心保持数据同步。

参 考 文 献

[1] 刘佳昕.日本治理城市交通拥堵对策评价[J].汽车与安全,2013,(9):33-41.

[2] 吴栋栋,邵毅,景谦平,等.北京交通拥堵引起的生态经济价值损失评估[J].生态经济,2013,(4):75-79.

[3] 姜桂艳.道路交通状态判别技术与应用[M].北京:人民交通出版社,2004.

[4] 朱明皓.城市交通拥堵的社会经济影响分析[D].北京:北京交通大学,2013.

[5] 谈晓洁,周晶,盛昭瀚.城市交通拥堵特征及疏导决策分析[J].管理工程学报,2003,17(1):56-60.

[6] 郑中元.城市道路交通网络空间的拥堵瓶颈识别[D].南京:东南大学,2009.

[7] 高志刚,刘海洲,周涛.交通波理论在交通瓶颈处的应用分析[J].交通标准化,2009,(11):11-13.

[8] 邓瑞.城市区域路网交通瓶颈识别与预测[D].成都:西南交通大学,2012.

[9] 陈万鑫.城市道路瓶颈交叉口识别及解决方案研究[D].长春:吉林大学,2013.

[10] 张秀媛,达庆东,张国伍.公路自动事件检测技术[J].系统工程理论与实践,2001,21(6):118-124.

[11] Ahmed S A,Cook A R. Analysis of freeway traffic time-series data by using Box-Jenkins Technique [R]. Transportation Research Road,1979:1-9.

[12] Dudek C L,Messer C J,Nuckles N B. Incident Detection on Urban Freeways[C]//Transportation Research Record,Washington D. C.:TRB,1974:12-24.

[13] Levin M,Krause G M. Incident detection:A Bayesian approach[J]. Transportation Research Record, 1978(6):52-58.

[14] Persaud B N, Hall F L. Catastrophe theory and patterns in 30 second freeway traffic data, implications for incident detection[J]. Transportation research Part A:general,1989,23(2):103-113.

[15] 於毅.城市道路交通状态判别方法研究[D].北京:北京交通大学,2007.

[16] Andrzej Tarko,Nagui M. Rouphail. Data screening for advance release 15 data fusion[R]. Chicago:Urban Transportation Center,1994.

[17] Kemer B S. Tracing and forecasting of congested patterns for highway traffic management[J]. 2001 IEEE ITSC Proceedings,August2001:25-29.

[18] Yuan F,Cheu R L. Incident detection using support vector machines[J]. Transportation Research Part C:Emerging Technologies,2003,11(3):309-328.

[19] Li Y,Mcdonald M. Motorway incident detection using probe vehicles[J]. Proceedings of the Institution of Civil Engineers,2004,Transport(158):11-15.

[20] Heqyi A,Girimonte D,Babuska R,et al. A comparison of filter configurations for freeway traffic state estimation[C]//Proceedings of ITSC 2006:2006 IEEE Intelligent Transportation Systems Conference,2006:1029-1034.

[21] Yaser E Hawas. A fuzzy-based system for incident detection in urban street networks[J]. Transportation Research Part C,2007,15:69-95.

[22] Shantanu Das,David Levinson. Queuing and statistical analysis of freeway bottleneck formation[J]. Journal of Transportation Engineering,2004,130(6):787-795.

[23] 姜紫峰,刘小坤.基于神经网络的交通事件检测算法[J].西安公路交通大学学报,2000,20(3):67-69.

[24] 姜桂艳,温慧敏,杨兆升.高速公路交通事件自动检测系统与算法设计[J].交通运输工程学报,2001,1(1):77-81.

[25] 姜桂艳,郭海锋,吴超腾.基于感应线圈数据的城市道路交通状态判别方法[J].吉林大学学报(工学版),2008,38(增刊):37-42.

[26] 杨兆升,杨庆芳,冯金巧.基于模糊综合推理的道路交通事件识别算法[J].公路交通科技,2003,20(4):92-94.

[27] 庄斌,杨晓光,李克平.道路交通拥堵事件判别准则与检测算法[J].中国公路学报,2006,19(3):82-86.

[28] 李梅红.基于GPS浮动车的道路交通服务水平实时评估研究[D].重庆:重庆大学,2007.

[29] 刘卫宁,曾恒,孙棣华,等.基于视频检测技术的交通拥堵判别模型[J].计算机应用研究,2010,27(8):3007-3008.

[30] 戢晓峰,刘澜.基于交通信息提取的区域交通状态判别方法[J].三峡大学学报(自然科学版),2009,31(1):94-97.

[31] 曲昭伟,魏强,别一鸣,等.基于固定检测器的区域交通状态判别方法[J].中南大学学报(自然科学版),2013,44(1):404-409.

[32] 常丽君.城市区域交通状态判别方法研究[J].价值工程,2010,(32):117.

[33] 杨庆芳,张彪,韩振波,等.冰雪天气下的区域交通状态实时判别[J].吉林大学学报(工学版),2013,43(4):862-865.

[34] 贺寒辉.基于仿真技术的交通瓶颈研究[D].长沙:湖南大学,2006.

[35] 焦海贤,胡迎鹏,刘以舟,等.干道路网瓶颈识别及容量一体化均衡配置模型与方法[J].交通运输系统工程与信息,2007,(5):63-67.

[36] 戢晓峰.基于粗糙集的路网瓶颈路段识别方法[J].公路交通科技,2009,26(9):120-123.

[37] Iwao Okutani Yorgos J. Stephanedes. Dynamic Prediction of traffic volume through Kalman filtering theory[J]. Transportation Research PartB: Methodological,1984,18(1):1-11.

[38] Shao C F,Asai K,Nakagawa S. Dynamic forecasting for traffic flow on urban expressway with state space model[C]//A better urban transportation for the new century-99 Shanghai International Symposium on Urban Transportation Proceedings,Shanghai,Shanghai institute of traffic engineering,1999:158-164.

[39] 常刚,张毅,姚丹亚.基于时空依赖性的区域路网短时交通流预测模型[J].清华大学学报(自然科学版),2013,53(2):215-220.

[40] Disbro J E,Frame M. Traffic flow theory and chaotic behavior[J]. Transportation Research Record 1225,1989:109-115.

[41] Davis G,Nihan N. Nonparametric regression and short -term freeway traffic forecasting[J]. Journal of Transportation Engineering,1991,117(2):178-188.

[42] Attoor Sanju Nair,Jyh-Charn Liu,Laurence Rilett,et al. Non-linear analysis of traffic flow[C]// IEEE Conference on Intelligent Transportation Systems. Oakland,USA:IEEE,2001:681-685.

[43] 承向军,刘军,马敏书.基于分形理论的短时交通流预测算法[J].交通运输系统工程与信息,2010,(8):106-110.

[44] 董春娇,邵春福,李娟,等.基于混沌分析的道路网交通流短时预测[J].系统工程学报,2011(6):340-345.

[45] 夏英,梁中军,王国胤.基于时空分析的短时交通流量预测模型[J].南京大学学报(自然科学版),2010,46(5):552-560.

[46] 刘晓玲,贾鹏,邬珊华,等.基于多维时空参数的道路短期交通状态预测交通运输系统[J].工程与信

息,2011,11(4)：140-145.

[47] 孙占全,刘威,朱效民.大规模交通流预测方法研究[J].交通运输系统工程与信息,2013,13(3)：121-125.

[48] 王凡,谭国真,史慧敏,等.并行广义神经网络的交通流预测[J].计算机工程与应用,2010,46(17)：229-231.

[49] 董春娇,邵春福,诸葛承祥,等.基于时空特性的交通自由流短时预测状态空间模型[J].土木工程学报,2013,46(8)：111-118.